HUMANS

A Brief History of How We F*cked it All Up

人類很有事

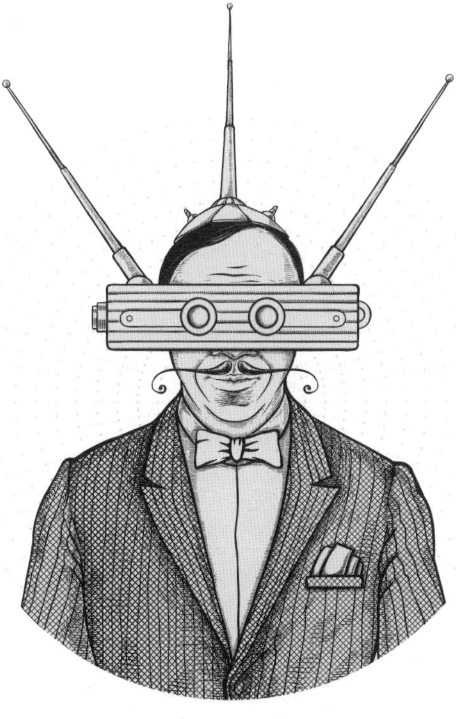

草包佯裝英雄，犯蠢牽拖水逆

跨越萬年的暗黑愚行史

TOM PHILLIPS

湯姆・菲利浦斯——著　崔宏立——譯

目次

推薦序

人類：渴望以不完美生命創造完美社會的薛西佛斯

神奇海獅（歷史作家、德國漢堡大學歷史碩士）

記得在剛開始做歷史普及的時候，曾經有人問我這樣一個問題：「我們讀歷史到底要幹嘛？」

那個時候我被問倒了。的確，讀人家成功的故事也不能保證自己也能成功，那人們到底為什麼要去念歷史呢？在經過這麼多年以後，我終於找到了答案：「看別人怎樣失敗啊！」

成功有各式各樣的因素，有天資聰穎的、有努力不懈的、有抓住時機就這樣飛天的，更有些是打從出生就自帶好幾億還自稱一生充滿挫折的。但是由於某些我們人類內建 bug 的原因，很多時候的失敗其實是是有跡可循的。當人類這個不完美的有機體試圖去創建一個完美的社會體制與架構時，就成為永遠試圖將巨石推上高山、卻注定無法達成的薛西佛斯。而《人類很有事》這本書就是要告訴你，前面的那些人們失敗的原因到底是什麼，而他們又是如何一步步將自己逼到這樣的境界的。

在這本書中，開宗明義就用心理學闡述了人類的幾大問題。「錨定效應」解釋了一顆骰子就可能使德高望重的法官多判被告三個月；「可得性捷思法」讓我們害怕恐怖攻擊更甚於除草機意外事件；而最有趣的「選擇支持偏誤」則闡述了，為什麼你就算已經把所有數字、所有證據、用所有只要有最基本理性和智商的人都可以了解的文字攤在你爸媽面前，卻仍然無法阻止他們如信仰般去支持某候選人。這背後的原因很簡單：因為不想承認自己過去的選擇錯了，人們會自動選擇與自己價值觀相近的新聞，並且自動忽略所有不利的消息。

由於擁有這麼多造成認知偏誤的心理學效應，再加上某些集體狂熱，很容易就醞釀出歷史上一些讓後世匪夷所思的巨型風暴，像是曾經橫跨了兩個世紀的十字軍、讓西歐陷入集體瘋狂的女巫獵殺，甚至是五〇年代美國人認為「匪諜就在你身旁」的紅色恐慌。

人類如此不完美，因此他們用漫長的時間想找出一種完美政治體制的努力，也成為一種緣木求魚。在希羅多德的《歷史》裡就有這麼一段，在好不容易剷除了古波斯的獨裁者以後，大流士以及其他六個貴族就曾經討論過「民主」和「獨裁」到底誰比較好的問題。

某A說贊成民主：「因為民主可以做到『法律之前人人平等』（這真的是誤會了），而且也不會再有掌握大權的瘋子把國家弄得一團亂。」

大流士則贊成獨裁，他說：「沒有什麼比給最優秀的人統治更好的了。而且民主會導致爭鬥，最後還是變成獨裁，那不如就直接先變成獨裁吧。」

眾人覺得有理，因此決定：當太陽升起時誰的馬最先嘶鳴，誰就是下一任國王。最後大流士的馬伕想出條妙計，他在前一天晚上去摸摸母馬的下體，等到隔天太陽升起後，就把手湊到大流士座騎的鼻子旁，大流士的馬聞到味道後興奮的嘶鳴起來，而大流士也就這樣成為新的波斯王了。（這算哪門子最優秀的人啊？）

不過如果說獨裁充滿問題，民主的問題似乎也不遑多讓。同時期的雅典也陷入了黨爭，貴族派、商人派和庶民派彼此爭執不休，後來庶民派的領導者庇希特拉圖不曉得哪裡來的想法，從城外找來一名一百八十公分的巨大女子，把她 cosplay 成雅典守護女神雅典娜的樣子，接著和她一起乘坐馬車，來到了人來人往的雅典廣場中。

在廣場上，女子突然大喊了一聲：「雅典娜現在把庇希特拉圖帶回來了！所有人要選他來統治你們！」

雅典的人們一聽，竟然真的紛紛跪下，庇希特拉圖也就這樣成為雅典的領導者了。

這本書寫的，就是這些因為「失敗」而流傳下來的故事。但是在一篇又一篇的故事裡，你也會發現一個人類有一個令人欣喜的特點：雖然有點慢，但是人類的確會從過去的錯誤中學習。所謂的「歷史」並不是直線衝向終點，也不會在同一個地方繞圈，而是會像一個螺旋，在一次又一次看似相同重複的迴圈裡緩慢向上。也許，這也就是作者寫作的初衷，他在開頭寫下人類犯下的第一個錯是：古人猿露西在爬樹時不小心摔落在地，受傷不久後就過世了。

在書中的結尾，他給了我們一個光明燦爛的未來：「或許，有那麼一天，我們可以爬上樹而不會跌落地面。」

前言　搞砸的起源

從前從前，太陽升起橫越衣索比亞的大河深谷，有隻猿猴躺在樹上發懶。

我們無法確知牠那天是在想什麼、做什麼。或許牠正想要去找些東西吃，或找個伴侶，或只想到隔壁那棵樹逛逛，看看會不會更棒。牠當然不曉得，這天發生的事情會讓牠成為族群歷史上最出名的一位成員——就算你有辦法告訴牠，名聲這個概念對牠來說不具任何意義。牠也不曉得自己是身於衣索比亞境內，因為這是某人能想出點子在地圖上劃線，然後給劃出的形狀不同名稱，好讓人們可以為此打起仗之前好幾百萬年發生的事。

牠們那一幫和同時活著的其他人猿不太一樣：牠們的髖部和腿部並不尋常，讓牠們能用一種新穎的方式移動。這些人猿開始從樹叢下移到地面，還開始直立行走於草原間。久而久之，這一開始的變化就會傳到你、我以及地球上其他人類。這隻人猿並不了解，牠活著的這段時間幾乎就是人類大遷徙剛開始的那一刻，即將展開人類歷史上最為壯麗的篇章。

接下來牠從樹上掉落地面，摔死了。

差不多三千兩百萬年之後，另有一群別種人猿（有些現在還擁有博士學位呢）會把牠已經石化的骨骼從土裡挖掘出來。正巧趕上一九六〇年代，他們剛好在聽當時利物浦某個高人氣團體所唱的流行歌，就決定將牠命名為「露西」。這是個全新發現的物種，現在稱為阿法南方古猿（Australopithecus afarensis），而且大家都認為牠就是人與猿之間那一塊「不可缺的連繫」。露西的發現讓全世界都為之著迷：牠的名字變得家喻戶曉，牠的骨架在美國巡迴展出多年，而且目前還是阿迪斯阿貝巴國立博物館的明星級展品。

然而，我們會對牠有所認識，老實講全都是因為牠搞砸了。回過頭來看，這正是個好樣板，打從那一刻開始，事情就是照著這個樣板演出。

這本書談的是人類，以及人類把事情搞砸的卓越能力。身為人，你有什麼足以自豪的成就（藝術、科學、酒吧）？差不多每舉一項都會另有別的事讓你想不通而失望搖頭（戰爭、汙染、機場裡的酒吧）。

不管你的個人意見或政治理念如何，很有可能最近這些年某個時刻，你環顧四周看到這世界的現況會這麼想：「哦，真扯，怎麼搞成這副模樣？」

本書就是要提供小小、空洞的慰藉：別擔心，人類一直都是這樣子的。你看看，我們不是還活得好好的嗎？

（這麼說並非危言聳聽。在寫這段話的同時，再過幾個星期即將召開的川金核武高峰會，能不能如期舉行，能否順利，都還是未知數。很可惜，書稿的截止日期定得比較早，沒法證實是不是人類都走向滅亡。我們不妨這麼假設：如果各位能讀到本書，那麼至少人類可以存活到二〇一九年七月下半。）

談論人類精巧成就的書籍多不勝數：偉大的領袖、高明的投資客、不屈不撓的人類精神。討論人類所犯錯誤的書也不算少：個人把事情搞砸，或是整個社會犯的錯，全都有所論及。不過還沒多少著作是在講我們人類怎麼一而再、再而三弄得翻天覆地，犯下造成災難的大錯。

說來諷刺，人類如此大規模地把事情搞砸，就和人類與動物有所區別而有大成就的原因是一樣的。人類在世上發現模式，把這模式告訴其他人，而且有能力設想還不存在的未來：如果只改變這，接下來就會發生那，然後這個世界就可以稍稍變得更好過。

唯一的麻煩就是……老實說，這些事我們也沒有多麼擅長。只要是誠實評量，人類在這幾方面的表現紀錄，讀起來就像是討厭你的上司給你寫的年度檢討報告。我們會在沒有模式的地方發現模式。我們的溝通技巧呢，有時相當欠缺。而且，我們往往不曉得改變這也會導致別的東西產生變化，甚至會把事情弄得更糟，還有面對發生在眼前的事情也經常不曉得該如何阻止，這方面的歷史也是非常糟糕。

不管人性提升到什麼高度，不管我們克服了多少困難挑戰，災禍總是隨侍在旁潛伏著。舉一個過去發生過的事當例子好了：假裝你就是偉大的西格（Sigurd the Mighty，九世紀的挪威奧克尼伯爵），打了勝仗得意洋洋地從戰場回來，宰了大敵「齙牙麥爾．布里基特」（Máel Brigte the Bucktooth），把他的頭顱砍下吊掛在馬鞍上。

接下來呢，你啊……該怎麼說才好，過幾天之後，偉大的西格躺在床上奄奄一息，因為騎馬凱旋歸來的時候，被布里基特已經身首異處的斷頭咬了一口，凸出的齙牙刺傷造成感染。

事情就是這樣：偉大的西格在戰爭史上恐怕留有一個特殊地位，被自己在好幾個鐘頭前砍去腦袋的敵人給殺死了。這故事教我們好幾項重要的課題：其一，傲慢自大不好；其二，要挑就挑擁有高品質齒科護理的傢伙當敵人。本書主要針對的是傲慢以及其後果。換句話說，如果你的興趣是史上的齒科護理規格，很抱歉要讓您失望了。

（值得注意的是，偉大的西格和齙牙麥爾．布里基特的決鬥，是因為西格對布里基特下戰書，要來場「各出四十人的決戰」。布里基特同意了，然而西格卻帶了八十人來。因此，西格的故事還可能有個教訓是說不要欺人太甚，很有意思這也是個貫穿全書的主題。）

西格不過是眾多不幸者之一，他們會在歷史上留名是由於失敗，而不是因為成功。接下來幾百頁，我們將一覽整個人類歷史，見識形形色色的搞砸方式。貼心提醒：如果你實在不是那種幸災樂禍的人，現在就停還來得及。

人類的發展史，全都是出自我們能夠思考和創造，這就是人與禽獸不一樣的地方——但也因此讓人類經常做些蠢事。

第一章〈為什麼你的腦袋這麼笨〉，將要探討人類祖先的思考方式和我們有什麼不一樣——再看看人類想要認識世界的意圖，反而讓自己被耍得團團轉、被騙，還害我們做出那些嚇死人的可怕決定。

然後**第二章〈人類搞出來的大好環境〉**，我們會追溯到農業初興開始改造周遭世界之際——我們將會發現人總是會把住的地方搞得一團混亂，對於「如果把這條河改道，最慘的狀況會是怎樣？」這種問題，一而再、再而三沒能想得清楚透澈。

接下來，**第三章〈生命嘛，會找到出路〉**，將要討論人類試圖控制大自然時怎麼總是笨手笨腳——特別值得一提的是毛主席，還有一位突發奇想的莎士比亞迷徹底低估鳥類的能力，結果造成幾乎一模一樣的大災難。

隨著人類最早的社會發展起來，變得更為複雜，顯然我們就會需要有個人負責決策。**第四章〈跟著領導走〉**，看看坐上領導位置的傢伙，有哪些根本是糟糕透頂所託非人；**第五章〈人民力量〉**則要對民主制度研究一番，看看它會不會做得比較好。

儘管我們一直想方設法要形塑外在世界，要到人們走遍全球，不同文明開始相互接觸，人類蠢到爆的實際潛能才得以充分展現。那時人們才真正放下矜持卯起來搞，徹底大錯特錯。

到了**第六章〈戰爭啊戰爭，究竟好在哪？〉**，我們會見到人類捲入無意義打鬥的歷史相當悠久，還要檢視若干因此發生的蠢事——包括連敵方都沒出現也可以打敗仗的軍隊，以及忘了世界各地彼此有時差，而把精心安排的協同攻擊計畫弄得面目全非。

第七章〈超歡樂殖民派對〉，我們要跟著「大發現時代」的英雄人物一同走入未知，結果發現（有雷哦）殖民主義真是件可怕的事情。**第八章〈呆瓜與（或）現**

任總統的外交指南〉會處理幾個相當重要的課題，會教大家如何優雅應對不同文化之間的接觸，包括花剌子模帝國沙阿（Shah）怎麼會做出史上最糟的單一政治決定。（如果你心裡在想：「怪了，我怎麼沒聽過什麼花剌子模帝國？」那就對了，其中必有原因。）

近幾個世紀，科學與技術的進展帶領我們來到一個前所未有的創新、變化迅速的時代，更有許多讓人類失敗出錯的新方法。這正是**第九章〈他×的科技熱〉**要探討的主題，這兒我們會讀到科學怎麼會沒法總是把事情做對——包括只有法國人才見得到的神祕放射線，以及是何人犯下二十世紀最慘的兩大錯誤。

如今世事瞬息萬變，難以逆料；**第十章〈禍事將至誰能知〉**，我們要回顧一下人類是多常沒能料到大禍即將臨頭。

最後，**後記〈搞砸未來〉**，將會依據以上所知，推測接下來幾百年人類的蠢態大概會是什麼情況，結論是人類恐怕會被自己製造出來的垃圾困住，成為太空囚徒。

本書談的是歷史，談的是如何把事情搞砸。自然而然，得在此指出我們往往會把歷史做大錯特錯的解讀。

問題在於歷史滑不溜丟難以把握：已經發生過的事大多沒人費心把它記錄下來，而真正提筆寫歷史的人有許多可能會弄錯、發狂、扯謊，或者是極端的種族主義分子（往往是以上幾項的全部綜合）。我們會知道有「偉大的西格」這號人物，那是因為他的事蹟出現於兩份文件當中：〈挪威列王傳〉（Heimskringla）和〈奧克尼薩迦〉（Orkneyinga）兩部傳說故事。可是，我們怎麼曉得它們是否記載無誤？我們真能完全確信這故事的真實性，並非超可笑的挪威人在講笑話卻被當真了？

沒法確認。算不上真正確認，即使歷史學家和考古學家以及好幾個其他領域的專家們都做了了不起的研究工作。我們確知的事物，其數量遠遠不及我們已知無法了解的事物。我們連自己不曉得都不曉得的事物，恐怕還要更多得多了，可是很不幸的是，我們不確定究竟如何弄清楚。

我要說的就是：這本講事情搞砸的書想不包括任何搞砸的部分，其機率真是微乎其微。弄不清楚的地方我試著實話實說，這些是我們可以相當有把握的小小部分，而且我們最多只能做出有所依據的猜測。我努力避免任何「完美無瑕」的情節、來路不明的傳說，以及不斷被人加油添醋的含沙射影祕史。但願沒有錯得太過離譜。

這不免又要講到露西，三千兩百萬年前牠從樹上摔落地面。我們怎麼知道牠是從樹上摔下來的呢？話說從頭，二〇一六年有一個美國與衣索比亞合作的研究團隊發表了一篇論文，登在世界頂尖的科學期刊《自然》上。他們把露西的石化骨骼拿去做CT掃描，造出3D電腦影像，以重建牠的骨架。他們發現，牠的骨折是活生生的骨頭那種模樣，而且斷裂處並未癒合：這就表示骨頭斷掉的時候牠還活著，但沒過多久就死了。他們去問過好多骨科大夫，全都一致表示：這就和從高處墜落患者的骨頭形態沒兩樣。牠手臂斷的方式就顯示出牠往前伸出雙手試圖緩和墜落的態勢。依據地質學調查，研究人員了解露西是住在平坦的樹林區域，靠近溪流：沒有懸崖或凸出地形讓牠從上面摔下來。結論如何？露西是從樹上摔落。

這真是件了不起的著作，許多該領域的其他專家也都接受這個說法。唯一的問題在於少數幾位其他專家——包括唐諾・強生（Donald Johanson），首先發現露西的那個人——並沒有被說服。他們的說法也合理：「才不呢，老兄，露西的骨頭會斷，是因為當骨頭被埋在地底三千兩百萬年那麼久之後，本來就會變成那樣。」（我依語意改寫了一下。）

所以說……露西是從樹上摔落的嗎？也許吧。甚至只能說是大概吧。很多方面來看，這正是本書的重點：我們得到如此精采的科學推論，依然可能弄錯。你可能是你那領域的全球領導，事業做得一帆風順，一篇石破天驚的論文發表在最具權威的期刊，將古生物學、物理學、計算機、醫學、法醫學和地質學等等十萬八千里遠各個領域裡嘆為觀止的進展全都串連組合起來，讓人們得以一窺幾千萬年前的事件……而你還是冒著風險，可能會有誰跑來看了就走，還說「哈哈哈，才怪」。

你以為自己已經把一切全都摸透了，正是這種時候，把事情搞砸的陰魂就要來敲門了。

別忘了偉大的西格。

1

為什麼你的腦袋這麼笨

距今差不多七萬年前，人類這個物種開天闢地首度把事情搞得一塌糊塗。就在那個時候，人類的祖先開始從非洲移往全球各地——先進入亞洲，過一陣子之後進到歐洲。這讓很多人相當不開心，因為當初那個時候，我們這個種族，所謂的智人（Homo sapiens），並不是地球上唯一的人種；才不是那樣呢。那時，究竟還有多少別的人種在世上遊晃，至今依然沒有定論。拿著殘破的骨骼或片段的DNA，就想要算出究竟怎樣才算是分別獨立的物種，或亞種，或者只不過是相同某個物種的稍怪形式，實在是件艱難的工作（如果你有機會和一群古人類學家聚在一塊閒得發慌，這倒不失是個挑起爭論的好辦法）。然而，不管你怎麼分類，那時地球上至少還有好幾種別的人類，其中最有名氣的要算是尼安德塔人（Homo neanderthalensis）。之前從非洲往外遷徙的結果，使得人類遍及歐洲許多地方和大部分的亞洲，前後已超過一萬年。基本上他們過得都還算不錯。

不幸的是，人類的祖先出現之後不過幾萬年——這從演化觀點來說只是一眨眼的工夫——尼安德塔人還有所有其他人類近親，全都從地球表面消失。隨著人類的歷史發展，很快就確立這個模式：只要人類一來，周邊鄰居全都活不下去了。現代人移入一個區域幾萬年間，尼安德塔人開始從化石紀錄中消失，只留下少數如幽靈般的基因依然出現於我們的DNA當中。（很顯然，尼安德塔人和把他們取而代之的闖入者彼此雜交；舉例來說，如果你是歐裔或亞裔，很有可能你的DNA當中有大約一%至四%之間是源自尼安德塔人。）

我們的表兄弟們全都搭上滅亡特快車，而我們卻能存活下來，其原因和方式又是另一個爭論重點。事實上，最可能的幾種解釋，有好多都是即將在本書一再出現的那幾個主題。說不定是因為我們遷徙的時候，隨身帶著尼安德塔人完全無法抵抗的疾病，不小心就將他們徹底滅絕（人類的歷史，有好大一部分其實就是人類在遷徙路途上得了什麼病，然後又互相傳來傳去的歷史）。說不定是我們運氣好，遇上氣候突然變化，而人類比較能夠適應；證據顯示，人類遠祖結合成較大的社群共同生活，而且要比更為封閉、固守舊土的尼安德塔人和更廣更遠的地方通訊、貿易；這就表示，當厄運降臨之際有更多資源可供運用依靠。

或者，他們只不過是被人類的祖先謀害了，因為呢，講實話，我們一直都是這麼幹的。

一切可能性當中，恐怕並沒有一個清楚、單純的解釋，因為事情運作的方式並非如此。不過，最為言之成理的解釋大多擁有一個共通點——都是因為人類的腦子，以及我們運用腦子的方式。這並不像是「我們比較聰明，他們比較笨」如此想法這麼簡單；尼安德塔人絕非通俗的刻板印象中那樣，淨是一些走起路來跌跌撞撞的傻瓜。他們的腦子大小和人類相當，而且會製作工具、會用火，在智人來到歐洲開始把一切都按自己意思改造之前好幾萬年，就製作出抽象藝術和珠寶首飾。然而，智人要比尼安德塔人表兄弟們更占優勢之處，最可能是在於我們的思考方式，這可在適應能力、更先進的工具、更複雜的社會結構，或社群內及社群之間的溝通法當中看得出來。

我們人類思考的方式，使得智人如此突出、如此特別。這不是顯而易見的嗎？我們這個物種，學名裡頭就掛著聰明兩字：「智人」，就是「聰明人」嘛。（憑良心講，所謂的謙虛從來就不是本物種的典型特徵。）

然而持平而論，人類的腦子真是個了不起的機器。我們可在環境中看出模式，依據那模式猜測出事情運作的大致方式，為這世界建構起複雜的心智模型，裡頭就包括了未能親眼見到的眾多東西。然後我們可以用那心智模型為基礎再做建構，來個想像的躍升：我們能夠設想，對世界做些改變就可以改善我們的處境。我們可以將此想法告訴同伴，讓別人也做些我們想都想不到的改善，將知識與創新轉化成集體努力的成果，還可以代代相傳。接下來，我們可以說服別人齊心合力把原本只存在想像當中的某個計畫付諸實現，達成誰都無法獨力為之的重大突破。接下來我們可用成千上萬的方法重複以上過程很多次，一而再、再而三，原先粗糙狂野的創新之舉轉變成傳統，再醞釀出別的創新，直到後來就獲得某個稱為「文化」或「社會」的東西。

舉個例子來講好了：第一步是要注意到圓圓的東西要比稜稜角角的物品更容易滾下山坡。第二步是要想到如果用工具削鑿，可以讓它變得更圓，會滾得更順暢。第三步，把你新做出來的新奇圓形滾動物品拿給朋友看，而他們又想到可以把四個放一起做成轎車。第四步，造出一整隊富麗堂皇的戰車，讓大家更知曉你們仁慈又殘酷無情的統治者有多麼風光。第五步，開著佛賀汽車（Vauxhall）Insignia 車款沿國道 A10 飆行，一邊聽著軟調搖滾樂合輯，一邊對一輛大型拖車比中指。

（吹毛求疵的人請特別注意：這只是把輪子發明的過程卡通化，做些不甚精確的描述。實際上，人類歷史中輪子的發明晚得出奇，文明早就迷迷糊糊度過幾千幾萬年之後它們才出現。考古學史裡頭，輪子首度出現於大約五千五百年前的美索不達米亞，甚至還不是用於運輸功能：最早是製陶的輪子。大概又過了好幾百年，才有人想出好點子，想到把做陶器的轆轤翻過來用側面滾來滾去，從此開啟的一連串事件，到最後以傑若米・克拉克森（Jeremy Clarkson）集其大成。研究輪子的專家們如果有誰覺得被以上文字冒犯了，在此說聲抱歉啦，這麼做只是為了舉例說明罷了。）

雖然人腦相當了不起，它也極為怪異，而且很容易在最不湊巧的時候出大錯。我們經常會做出糟糕的決定，相信可笑的事情，忽略攤在眼前的證據，還會想出根本不合理的計畫。我們的心智能力有辦法憑空想出協奏曲、城市還有相對論，到了商店裡卻得痛苦掙扎五分鐘才決定該買哪種洋芋片。

人類的獨特思考方式，如何讓我們有辦法依照自己的意思，用難以想像的方式形塑世界，卻還能一直做出根本糟糕透頂的選擇，而不顧它明顯就是個爛點子？簡而言之：我們怎麼會有辦法把人送上月球，卻還傳給前女友「那種」簡訊？這一切全都歸咎於人類大腦的演化過程。

關鍵在於演化是個過程，而且並不怎麼高明——不過它至少笨得夠徹底。演化的重點在於：危機處處、成千上萬次慘死的可能，都被你安然度過而能存活下來，活到足以確保讓你的基因傳給下一代。如果你能夠辦得到，那就成功了。如果辦不到，算是你運氣不佳。這就表示，演化並不是真的能夠高瞻遠矚；如果目前擁有什麼特徵讓你占了優勢，就會被選上，不管這項特徵到了你的曾曾曾曾曾孫那一輩是不是會變得悲慘過時而寸步難行。同理，它也不能預見未來——光是說「喔，這特徵現在會造成不便，可是一百萬年之後對子孫後代會變得很有用，相信我」，根本起不了作用。演化的結果並不是依據事先規劃，反而是把數量多到可笑的大批飢腸轆轆、性致勃勃的生物體投入危機四伏毫不留情的世界，看看是誰最不會失敗。

這就表示，我們的腦子並非是以要製造出最佳思考機器為目標的精巧設計程序所得結果；反而是些大刀砍削、隨意修補以及走小路抄捷徑的集合體，剛好可讓人類遠祖找到食物的機會多個二%，或是要溝通「媽的，當心點，有隻獅子！」這類概念時更好個三%。

若想要生存、與其他人溝通以及從經驗當中學習，這些心理捷徑（技術上來說，就是所謂「捷思法」）是絕對必要：你不可能每一件事都坐下來從頭開始思考出解決之道。如果每次想要避免被早晨升起的太陽嚇到，都得進行等同於大規模隨機控制試驗的心智活動，人類這個物種怎麼也無法進步。如果看過太陽升起幾次之後，腦子就得到「哦吔，日出了」的結論，那要合情合理得多。同理，如果傑夫告訴你吃過湖邊那樹叢所摘來的紫色果子會很不舒服，恐怕還是相信他的說詞比較好，而不要自己嘗試。

但也正因為如此，衍生出眾多問題。雖然有用，我們的心理捷徑（和所有的捷徑一樣）有時會導致我們走入歧途。而且人類身處的世界裡，需要去處理的問題遠比「我該不該吃那些紫色果子？」這類問題複雜得多，心理捷徑犯的錯可多著了。坦白說，很多時候你的腦子（還有我的，基本上是每個人的腦子都一個樣）是個超級大笨蛋。

舉個例，來看看腦子辨認模式的能力。問題在於人類的腦子太精於辨認模式，變得處處都看出有模式存在——即使是根本沒有模式的地方。如果只是抬頭仰望夜空就指著天上繁星說：「你瞧瞧，那兒有一隻狐狸正在追捕一隻駱馬」這類的事情，並不算是什麼大問題。然而，要是你看到想像出來的模式是「有某個特定族裔，大多數的犯罪行為都要由他們負責」，那……怎麼說好呢，問題就大了。

有一大堆專門術語用來描述這類錯誤的模式辨識——例如像是「虛幻的相關性」（illusory correlation）還有「群聚錯覺」（clustering illusion）。二次大戰期間，倫敦有很多人都相信德國的 V-1 和 V-2 火箭（這在當時已經是很嚇人的新科技了）會落在城裡某些瞄準好的群聚——導致倫敦市民要到市區裡據稱「較為安全」的地方尋求掩護，或是開始懷疑某些看來絲毫未損的房舍裡住的是德國間諜。這現象造成極大恐慌，英國政府還找來統計學家克拉克（R. D. Clark）研究，查證是否真有其事。

他得到的結論如何？「群聚」只不過是因為我們被自己的腦子耍了，是模式辨認產生的幻象鬼影。總而言之，德國人的飛彈導引科技並沒有什麼重大突破，而且克勒肯威爾（Clerkenwell）也並非德意志國防軍特務的聯絡中心；那些飛彈只不過是朝向倫敦的大致方位，完全隨機投射過去。人們會看出當中有什麼模式，全是因為他們的腦子覺得應該如此。

即使是經驗豐富的專業人士，也會被這幾類錯覺騙倒。譬如，很多醫療工作者會信誓旦旦跟你說，滿月之夜的急診室絕對會忙得不可開交——一大堆病患、千奇百怪的外傷，還有精神異常的行為。問題來了，已有不少研究正視這件事，發現事實並非如此：月相盈虧和急診室的繁忙程度，兩者絲毫無關。然而依然有一幫聰明、經驗豐富的專業分子詛咒發誓，堅稱兩件事一定有什麼關聯。

為什麼呢？這麼說好了，這觀念並非無中生有。月亮會讓人發狂變怪的想法，已經存在好幾百年之久。按字面來看，「瘋了」（lunacy）這個字就是由此而來；正因為這樣，才會有狼人傳說。（據說月相和女性的生理週期之間也有相關性，也可能和這有關。）而且事實上，這種說法在之前還真可能算是對的呢！發明人工照明之前——特別是路上的街燈——月光對人們日常生活的影響要比現在大得多。有個理論認為，在戶外睡覺的流浪漢會被滿月搞得無法入睡，而失眠會讓這些人原本就有的精神疾病更為嚴重。（由於我個人喜歡和啤酒扯上關係的理論，也想出一個別的可能性：如果曉得那天晚上可以清楚看到回家的路，比較不用擔心會迷失方向、被搶或跌進路旁的溝裡送命，說不定人們就會喝得更醉。）

不管這想法從何而來，已經深入文化很長一段時間。一旦有人跟你提起滿月代表瘋狂時刻，更容易想起那些真有其事的種種前例——並且忘掉根本平安無事的那些滿月之夜。不經意之間，你的腦子就已經從隨機之中創造出一種模式。

同理，這是由於人類腦子所用的心理捷徑使然。主要的兩大捷徑是「定錨捷思法」（anchoring heuristic）以及「易得性捷思法」（availability heuristic），人類一直深受這兩者的困擾。

定錨的意思是指當你要對某事下定論的時候，特別是如果你手頭的資料有限，就會受到一開始聽到的訊息強烈影響，其作用顯著不成比例。譬如說，假設有人要你估計某物的價錢，而且你不太具備足以做出有根據判斷所需的背景知識——舉個例子好了，給你看一張圖片就要猜測一間房子的價格。（本世紀出生的人請注意：所謂的房子，就是那些你買都買不起的大型磚造建築物。）沒有什麼其他東西可供參考，你只能看看圖片，大概了解它的外觀有多炫，然後盲目下判斷。不過，要是一開始的時候你拿到一個提示數字，所做的猜測就會受到大幅偏差——舉例來說，剛才那個問題是這麼問的：「你認為這間房子的價錢是比兩千四百萬多呢，還是比較少？」好了，重要的是你得曉得如此問句其實並沒有提供任何有用的訊息（譬如說，這和告訴你當地的其他房子最近賣了多少錢並不一樣）。然而，得到提示為三千六百萬的人，要比得到提示為八百萬的人所做估價要高出許多。即使前導問句根本不提供什麼情報，依然會影響你的判斷，因為你已得到了一個「錨點」——你的腦子會抓著這資訊不放，就當作是猜測時的出發點，從這兒開始加減調整。

我們如此做，幾乎到了可笑的地步：用來當作「錨點」的「那份訊息」可能是明顯毫無助益的隨機數字，而我們的腦子依舊緊緊扣住它，讓我們的決定都往那方向偏。這現象真讓人十分憂心：康納曼（Daniel Kahneman）在《快思慢想》書中就提到一個二〇〇六年所做的實驗，對象是一群經驗極為豐富的德國法官。給他們看一件庭審案件的詳細資料，內容是有位女士被抓到在商店裡偷東西。接下來要他們擲一對灌了鉛的骰子（受試者並不曉得），只會出現總和三或九。然後問他們，這女士應判處的刑期要比骰子丟出的數字多還是少，最後才要他們提出刑期應該多長的判決建議。

你大概也能猜到結果：骰子擲出點數較多的法官們，要比擲出點數較少的法官判得更重許多。平均算來，骰子一擲的差別會讓那女士在牢裡多待三個月。這聽來真是……令人渾身不自在。

在此同時，易得性則是說你會依據最容易想到的任何訊息來做判斷，而不去深入考量你能夠獲取的所有可能訊息。那就表示，我們很容易會偏向依據最近所發生事件形成的世界觀，或是依據特別戲劇性而造成深刻印象的事件，反而陳舊、平淡但或許比較準確代表日常現實的事項就會……隨風而逝。

正因為如此，關於可怕犯罪事件的腥羶聳動新聞報導，會讓我們覺得犯罪率要比實際更高；反而犯罪率統計數字下降的枯燥無味報導，根本不能造成足以相提並論的反向效果。許多人更怕飛機失事（少見，戲劇性）甚過害怕出車禍（比較常見，也比較沒那麼刺激），這又是其中一個原因。而且，正因如此，恐怖主義會造成大眾和政治人物全都馬上嚇得兩腿發軟打顫，反而更致命但也更單調無趣的生命威脅就被忽視不顧。二〇〇七至二〇一七這十年之間，在美國被除草機殺死的人數要多過死於恐怖主義的人數，但是到寫作本書時為止，美國政府也還沒有發動「反除草機戰爭」。（不過，講實在話，鑑於最近的事態，你也不能排除這種可能性。）

兩者一起發揮作用，若是在危機時刻做些後果沒那麼嚴重的小型、日常決策，定錨捷思法和易得性捷思法兩者皆相當有用。但是如果你想要把現代世界的所有複雜性全都納入考量，做出有更充分依據的決定，它們可能會是個噩夢呢。不管先聽到什麼或最先想到的是什麼，你的腦子會一直試圖退回已有證據支持而比較讓人安適放心的氛圍裡。

我們很不會判斷危機，也很不會準確預測多個可用選項當中哪個最不可能導致重大災難，部分原因也是由於這兩種心理捷徑所造成。我們的心智真的擁有兩套分開獨立的系統，幫助我們判斷事情的危險如何：快速、直覺的是一種，慢速、深思的又是另一種。這兩個系統發生衝突的時候，就會出問題。你腦子有個部分悄悄說「我已經分析過所有證據，看來第一個選項是風險最高的抉擇」，然而另一部分的腦子則是大喊「沒錯，可是第二個選項看起來好可怕」。

當然，你可能會這麼想，幸好我們要比那聰明得多了。我們可以強迫自己的腦子離開那舒適圈，不是嗎？我們可以不去管直覺的聲音而放大深思熟慮的聲音，就能客觀考量自身處境。對吧？很不幸，這並沒有把確認偏誤考慮進來。

開始為寫這本書做研究之前，我以為確認偏誤是主要的問題所在，從那時起，讀到的東西全都讓我相信自己是對的。問題就出在這兒：我們的腦子很不喜歡最終發現原來是自己搞錯了。確認偏誤是個惱人的壞習慣，就像雷射導引飛彈那樣，隨便一丁點證據可以支持我們之前的想法，就會被它鎖定不放，就算可能還有多得多的證據指出我們恐怕已被完全誤導久矣，還是呆呆地忽略無視。最不嚴重的情況下，這有助於解釋為什麼我們偏好和自己政治見解大致相符的新聞來源，從那獲取得最新消息。更加極端的狀況下，你沒法說服陰謀論者放棄他們的想法就是這個原因，那是由於我們只挑那些支持我們觀點的事情來看，不符的就被棄而不用。

同理，這在某些方面還相當管用：世界複雜又混亂，並不會用已經劃好重點的漂亮、簡潔 Powerpoint 把規則揭示給我們看。如果想要得出任何一種關於世界的心智模型，就表示要丟棄無用訊息並且專注於正確的線索。只不過，找出什麼訊息值得留心關注，真有點像是亂槍打鳥難以預料其結果。

然而，更糟的還在後頭。我們的腦子拒絕相信它可能已經把事情搞砸了，反而更深陷其中不可自拔。你可能以為，一旦做了決定，採取行動，還眼睜睜看著計畫開始錯得離譜，這時我們應該至少比較可以改變心意。哈哈哈，才怪。有個名堂叫做「選擇支持偏誤」（choice-supportive bias），基本上是說一旦我們決心投入採取行動，就會緊扣住這決定是正確的想法不放，就像快淹死的水手拚命抓住浮木一樣。為了支持自己的行為，我們甚至會重新編排記憶，解釋我們如何還有為何做那決定。沒那麼嚴重的情況下，你買了新鞋結果走起來不順，依然會堅持告訴大家：「穿這鞋讓我看起來很威風，而且很搶眼」，就是出於這個原因。比較嚴重的狀況，政府官員一直堅持會談一切順利而且還大有進展，即使已經漸漸變得顯然一切都要徹底完蛋，正是因為如此。已經做了決定，所以那一定是個正確決定，因為那是我們做的決定。

甚至還有若干證據顯示，在特定情境之下，即使你耐著性子把明明白白的證據拿給他們看，光是跟人講他們錯了這行為本身，其實會讓他們更相信錯的事情。人們面對和自己想法正好相反的事情，會更加堅定他們的信念並且更強力維護。因此，在臉書上和抱持種族主義觀念的長輩爭論，或決心要像在跑新聞一樣追根究柢，大概都是注定徒勞無功，只會讓你垂頭喪氣，還讓其他人全都生你的氣。

這並不表示人們絕對無法做出合情合理又有充分依據的決定：顯然是可以的。我的意思是說，畢竟各位正在閱讀本書不是嗎？恭喜了，各位超棒的決策者！只不過我們的腦子往往會設下眾多障礙，還一直覺得它們是在幫忙。

當然，如果說我們不善於獨自做決定，要是和其他人一起做決定的話，事情還會更糟。我們是一種社會化的動物，而且我們真的真的不喜歡身為群體裡特立獨行那人的感覺。所以，我們經常違背自己更好的直覺，費心耗力想要融入群體。

因此我們就有了團體迷思——團體裡主導的想法會壓過所有其他想法，持不同意見的人被排斥或不再出聲，這全都要感謝社會壓力，別做那個脫口說出「哦，我不確定這想法是不是最好」的人。也因為這樣，我們迫不及待要去趕流行：只要看到別人做什麼或相信某件事，就足以增加我們想和他們一樣的欲望，想要成為群眾一部分。如果媽媽問你：「是哦，如果別的小朋友去跳河，你也會去跳嗎？」老實的回答是「其實相當有可能會哦」。

所以，坦白來說，事實就是我們自認為棒得很，其實呢，並不是那麼一回事。說是傲慢也好，自大也好，根本就是個蠢蛋罷了：研究指出，我們大大高估自己的能力。如果你要一群學生預測到學期結束時自己在班上的排名會有多高，絕大多數的人會說是屬於前二〇%。幾乎沒人會說：「哦吔，我大概還不到平均吧。」（最常見的回答其實是不到最前面一〇%，但進入前二〇%，這和點酒時要一瓶第二便宜的有異曲同工之妙。）

還有個眾所周知的認知問題稱為「達克效應」（Dunning-Kruger Effect），除了聽起來像是一九七〇年代前衛搖滾樂團的團名，這大概算得上是本書的主保聖人。這是由心理學家達寧（David Dunning）和克魯格（Justin Kruger）首先在論文《不熟練又不自知：難以承認自己沒有能力如何導致誇大的自我評價》提出，為每個人一生當中都會發現到的某個現象提供證據。真正熟練什麼特殊技能的人，傾向於對他們所擁有的本事抱持謙虛態度；在此同時，這領域裡沒什麼本事或才能的人，恬不知恥誇大估量自己在這方面的能力。對於自己的短處，我們真的是認識不夠，看不出來自己究竟糟到什麼程度。而且我們就這麼披掛上陣，過度自信，滿心歡喜樂觀得很，不管將會有什麼東西會被弄得大錯特錯。（本書其他部分會讓各位了解到，我們腦子所犯的一切錯誤當中，「自信」和「樂觀」大概算得上是最危險的呢。）

所有這些認知的偏誤，層層相疊形成社會，導致我們一而再、再而三犯下相同類型的錯誤。以下所列舉的只是少數例子：把這想成是本書其他內容的圖鑑指南。

首先，我們想要理解世界，並其且看出其中的模式，表示我們花了一大堆時間說服自己這個世界是以某種方式運作，然而，其實世界根本就不會像那樣運作。這現象無所不包，小自個人的迷信，大至完完全全不正確的科學理論，還有我們為什麼這麼容易就被政治宣傳和「假新聞」攻陷。真正的好戲還在後頭：如果有誰想方設法要說服很大數目的其他人，要他們相信自己對於世界如何運作的想法正確無誤，因此就有了宗教、意識型態，以及人類歷史進程裡已被證實十分有趣可笑的其他那些「偉大思想」。

談到風險評估和預先規畫，人類也十分不在行。這有部分是因為預測技術出了名的極為困難，若你還想要預測一個高度複雜的系統，例如像是天氣、資本市場或人類社會，更是如此。然而，那也是因為我們已經想像出一個可能的未來，多少能夠讓我們滿意（往往是因為它合乎原本就有的信念），我們會很快樂地忽略任何矛盾的證據，而且不管是誰說我們會弄錯，全都拒絕聆聽。

這類一廂情願想法的最強動機，其中一項就是貪心。一夕致富的期待，保證會讓人們失去理智——結果呢，如果所能得到的好處太過誘人，我們就很不會做支出

／成本分析。為了（往往是想像的）發財夢，人類不僅會跨洋過海攀越高山，還會在行動的同時，興高采烈地把一切道德觀念或規矩全都棄之不顧。

偏見是另一項最常見的謬誤：我們傾向於把世界分成「我們」和「他們」，而且無論「他們」是誰，說他們多糟糕都很容易被相信。所有這些認知偏誤湊合起來，真是錯得一塌糊塗：我們依據可能並不存在的模式把世界區分開來，依照最先冒出的念頭急促做判斷，我們只選擇相信能夠支持我們理念的證據，我們無可救藥地想要融入群體，而且我們不需充分理由就信心滿滿地相信自己高人一等。

（這現象會在本書中出現不止一次：雖然本書是在講人類失誤的歷史，有好些例外其實是在講人所犯的錯，而且往往是白種人搞出來的。那是因為有很多時候白種人才有犯錯的機會。一般來說，歷史書幾乎完全在講老白男幹的壞事並不怎麼妥當，但既然本書的主題是如此，我想大概還算公允。）

最後還有一項，人類渴望想要融入群體，也就是說我們極容易隨著集體狂熱、一窩蜂追求各式各樣的時尚、大流行以及瘋狂事件——這些信念、過分的迷戀緊緊掌控整個社會，把理性全都拋到九霄雲外。這些狀況會採取很多不一樣的形式。有些是純粹的身體表現，像是中世紀歐洲有好幾百年定期就會爆發無法解釋的舞蹈狂事件，成千上百的人受到影響，突然不可抗拒地想要瘋狂起舞。其他的集體狂熱事件是經濟方面，像是對錢的渴望和急著要成為群眾一分子的渴望合起來，流行什麼快速致富的方案就相信什麼。（一七二〇年的倫敦就發生過這樣的集體狂熱事件，大家都有興趣想要投資南海公司，這公司的股票可形容為「有一家公司承諾要發大財而且說到做到，可是沒人曉得那公司是什麼來歷」。）因此我們就有了金融泡沫——某個東西的感知價值遠遠超過它的實際價值。人們開始對這東西投入資金，並不是因為他們真以為它有什麼實在的價值，單純是因為只要有夠多人覺得它還有價值，你依然可以藉此賺到錢。當然，到最後真相大白，一大堆人損失鉅額款項，有時整個經濟就此垮掉。

還有另一些狂熱事件是群眾恐慌，通常是基於謠言，玩弄人類的恐懼心理。因此就有了所謂的獵巫活動，一個形式換過另一個形式，幾乎全世界每一個文化的歷史當中都曾經發生過（而且據估計，自十六至十八世紀持續進行的巫術恐慌期間，整個歐洲約有五萬人因而喪命）。

以上提到的幾點，只不過是從貫串人類文明史不厭其煩反覆發作的眾多錯誤裡舉出幾個例子而已。不過當然嘍，在我們努力犯錯之前，得先創造出文明才行。

史上最詭異的五種集體狂熱

✪ 狂舞

一三〇〇至一六〇〇年之間的歐洲，常見到不能解釋、無法控制的狂舞發作，有時會有成千上萬的人參與其中。完全沒人曉得是怎麼一回事。

✪ 水井下藥

差不多同一時間，也常發生假謠言說水井被下藥所造成的集體恐慌——通常是怪到猶太人身上。有些恐慌會導致暴動，猶太人的家屋被縱火焚燒。

✪ 陽具賊

世界各地都曾爆發過害怕邪惡外力要偷走或縮小男人陽具的恐慌現象——中世紀歐洲是怪罪巫女，亞洲是說食物被下毒，在非洲則歸咎於巫師。

✪ 狂笑

自一九六〇年代開始，很多非洲學校開始流行止不住的狂笑發作——最著名的一次是一九六二年發生在坦尚尼亞，持續了一年半，迫使學校暫時關閉。

✪ 害怕赤化

一九四〇至一九五〇年代，一股經典的「道德恐慌」風潮席捲全美，集體歇斯底里反共產黨員，因為媒體和政治人物推波助瀾散布誇大不實的想法，認為共產黨特務已經滲入美國社會各個層面。

2

人類搞出來的大好環境

約一萬三千年前，在古美索不達米亞的「肥沃月灣」，人類開始做些非常不一樣的事情。他們做的事你或許可以稱之為「改變生活型態」，而在這例子裡，上面那幾個字代表的可不是減少碳水化合物攝取並且成為健身房會員那麼簡單。他們不用傳統的方式取得食物——講白了就是「出去找食物」，倒是想出了好點子可讓食物送上門。他們開始種植農作物。

農業的興起並不僅僅讓用餐變得方便些，還會徹底翻轉社會，並且深深改變我們周遭的自然界。農業之前，人類群體的標準做法是要隨著季節四處移居，哪兒有食物就上哪去。然而，一旦你種了大批的稻米或麥子，還真需要待在附近照顧。因此你就有了永久居所、村落，之後過一陣子，還有了城鎮。當然嘍，還有一切伴隨而起的那些林林總總。

顯而易見，農業真是個了不起的想法，會在好多不同地方獨立冒出，七大洲上各自相隔不到幾千年的期間——美索不達米亞、印度、中國、中美洲和南美洲，這還是舉其大者。除了說有個學派認為農業其實並非人類最大的躍進。事實上，還可能是個可怕、嚇人的錯誤。

首先，農業的起源也是「財富不均等」這個有趣概念的起源，因為菁英開始冒出頭來，他們要比其他任何人擁有更多東西，而且開始對身旁其他人頤指氣使。它也可能是目前所知戰爭型態的起源，因為一旦你有了個村落，也就有了被隔壁村落襲擊的危險。農業帶來新的疾病與人類接觸，同時，一起生活在大過以往的聚落裡，就為流行傳染病創造條件。還有證據指出，非農業社會裡的人吃得更多、工作較少，而且還可能更健康。

基本上（據此想法認為）一大堆現代生活的討厭東西，就是因為一萬多年前某人把種子播入土裡造成。農業會流傳下來，並不是因為它讓每個人過得更好，而是因為採取如此做法的社會，要比其他社會更具競爭優勢。它們也許可以更快擁有更多小孩，而且可以占有更多土地，到最後把非農民全都趕走。「農業是個可怕錯誤」理論的支持者賈瑞·戴蒙（Jared Diamond），在他一九八七年發表於《發現期刊》（*Discover*）的文章裡寫道：「被迫在限制人口還是試圖增加食物生產兩者之間做一抉擇，我們選了後者，結果得到的是饑荒、戰爭和暴政。」簡而言之，我們為追求量而犧牲質。典型的人類做法。

可是除了這些之外……看看這個世界變成什麼樣子，農業讓我們走上一條道路，以至於好多次搞砸得更直接、更戲劇性。農業的開端就是我們開始要改變周遭環境之時——再怎麼說，所謂的開墾種地就是這個意思。你把植物拿來，把它們放在並非預期要待的地方。你開始重塑地景。你試著除去不想要的東西，以便塞入更多你想要的東西。反正啊，結果是我們實在很不擅長把這類事情想清楚。

我們現在的這個世界，已和一萬三千年前先祖首度播下種子那時大大不同。農業重塑地景還把物種跨洲移植，同時城市和工業和我們把不要的垃圾亂丟的自然天性，已經改變了土地、海洋和大氣。我並不是要對各位灌輸「別讓地球母親生氣」的那一套說法，有時自然界並不是在那等著收容我們搞出來的那堆亂七八糟東西。

二十世紀前半在美國中部大平原發生的著名事件，就和這有關。和往例一樣，一開始都是由於有什麼東西變得太過飽滿了。美國正要往西部擴展，人們要活出一種「美國夢」。政府高官鼓勵人民向西移徙開墾耕作，拓荒的人可免費獲得「大平原」上的大片土地。不幸的是，到了世紀初，大部分適於耕作的良地——基本上，就是有充分水源供應的區域——早就都有人占了。想當然，人們比較沒那麼熱衷為了開拓乾燥、滿布塵埃的土地出發，因此政府就把乾燥、滿布塵埃的土地加倍奉送。「看來還滿值得的呢！」拓荒的人這麼表示。

事後看來，如果可以把每一塊土地都拿來耕作的誘因算不上是世上最好的點子，還有一大堆理由足以解釋為什麼人們會覺得這樣搞並不差。既羅曼蒂克——回應早期拓殖先烈抱持的農業大國之夢，又實際——可生產出全國的基本食物需求。不過也還有一些極度不老實的科學，和宗教僅有一線之隔：所謂的「雨隨犁來」理論，認為只要開始墾植種地就能招來雨水，化沙漠為綠洲。依據這理論，唯有缺乏意志才能阻止美國境內的農地擴張。就像是凱文．科斯納的電影，不過是由穀物代替鬼魂出場打棒球。

他們還真相信這說法，要是指出此論出現的一八〇〇年代中期，雨量只比正常多那麼一丁點，似乎幾近吹毛求疵。

接著發生了第一次世界大戰，突然之間所有那些農地都像是個絕佳好點子：歐洲的糧食生產停頓，但美洲還能夠補上差距。價格水漲船高，雨量充沛，而且政府還投入一些寬厚的補貼鼓勵農人種植小麥，因此自然而然農人的確會像之前那樣，將比之前更多的草原拿來耕作。

然而，大戰之後，小麥價格大幅下跌。顯然，如果你是個種小麥的農人，而且你種的小麥沒法賺取足夠收入，解決之道十分明顯：你得要種更多小麥。農人們投資更新的機械式耕耘機，開墾更多土地。收穫的小麥更多了，就表示價格更進一步崩跌，接下來……循環不已。

突然之間，雨沒了。土壤枯乾，之前旱災期間將表土固定在一起的草根突然不見了。土壤變成沙塵，而風將灰撿起塞入巨大且呼嘯著的雲層。而可怕的沙塵暴就成了「砂碗」的象徵——那些「暗黑風暴」遮天蔽日，阻塞空氣，還使得能見度只剩幾公尺。最糟糕的時候，夏天幾乎每天都會有沙塵暴呼嘯而起，就算狂風歇息，灰雲依然籠罩天際徘徊不去。住在那裡的人有時幾乎不見天日。沙塵暴肆虐的範圍極廣，有些會橫掃數千公里遠，讓華盛頓特區和紐約等大都會都蒙上一層厚厚的土霧，而且東岸外海好幾百公里之外的船上也都落了一層薄薄的細灰。

乾旱和沙塵暴，持續了幾乎長達十年之久。這在經濟上是個毀滅性的打擊，而且有好幾百萬人被迫放棄家園。許多人再也不曾回來，反而是定居在更西邊的地方，很多是到了加州落腳。許多土地無法恢復舊觀，就算雨水回來了也一樣。

亂搞環境會造成料想不到的後果，美洲砂碗只不過是個較為人所知的例子。不論是大範圍的地理改造還是微乎其微的塑料珠，不論是砍伐森林還是河流改道，這絕不是個特例。

譬如說，就拿鹹海（Aral Sea）為例，不過你得要動作快，因為已經沒什麼東西留得下來了。

所謂的鹹海，雖然名字裡有個「海」字，其實並不算是海。它是個鹹水湖，而且是個相當大的湖，超過兩萬六千平方哩，算是世上數一數二的大湖，至少以前是如此。你看看，問題在於，如今它已經沒有兩萬六千平方哩那麼大了。

雖然水量多少有些漲落起伏，現在差不多約有兩千六百平方哩。之前幾乎有愛爾蘭那麼大，如今已縮為原來尺寸的十分之一，並且失去八〇%的蓄水。而且，它也不再是個單一的超大湖泊，現在大概成了四個小得多的湖了。我說「大概」，因為其中之一說不定已經完全消失不見了呢。鹹海留下來的小小殘餘，如今幾乎就是一片死氣沉沉、沒有生機的虛幻湖泊，旁邊圍滿了老早就擱淺的船舶，徒留骨架生鏽破敗，離現在的水岸線還有好幾英里遠呢。

這不禁讓人想要問：怎麼會把好端端的一整個汪洋都搞掉了呢？（好啦，一整個大湖。）

簡單來說，答案就是「把兩條原本流入湖裡的河改道，因為你突然有個妙點子，想在沙漠裡種棉花」。從一九六〇年代開始，蘇聯官方就是打著這樣的如意算盤，因為他們真的很想要生產更多棉花。因此，他們進行一項龐大計畫，把從烏茲別克流來的阿姆河（Amu Darya）和從哈薩克斯坦流來的錫爾河（Syr Darya）全都改道，好讓乾到不行的克茲勒固姆沙漠（Kyzylkum Desert）平原可被改良成一個單一種植區，供應蘇聯的棉花需求。持平而論，現在看來要灌溉土庫曼、哈薩克還有烏茲別克等地變成良田的計畫算是部分獲得成功——不過卻是個極度浪費的計畫，因為所謂的沙漠就是極度乾燥又很能吸水，所以有高達七五%被改道的河水根本就沒流到農地。（還有在棉花田裡用落葉劑的問題，這造成新生兒死亡率和先天缺陷的發生率大幅飆升。）

對中亞初生棉花產業而言是好消息，對鹹海和周邊環境卻造成徹底毀滅。似乎根本沒人料想得到——或者他們根本就不在乎——如果水不再注入湖裡，那結果就是湖會越變越小。

打從六〇年代開始，鹹海就開始縮小了，不過是由八〇年代後期直到目前又更加速。流到湖裡的水僅約五分之一是來自降雨，其他則是由河流補足。因此一旦河水全都沒了，剩下的就不足以補充蒸發散失。水位開始下降，而新的島嶼和地峽開始浮現；到了世紀之交，湖已一分為二，北半部略小些，南半部較大但當中有個龐大的島占據其中。水位持續降低，以至於島嶼面積越來越大，到最後僅剩一小條長長的水體連接著北半部湖區的西、北邊。到了最後，這兩處又一分為二，接著在二〇一四年的衛星影象顯示出東段已經完全乾涸，原地僅留下一片沙漠。如今東側湖只是短暫出現，來了就走，端看天候而定。

這已經夠糟了，可是就算湖消失，湖裡的東西可不會平白消失。尤其是鹽。雖然鹹海縮小了，鹽還是留在原地，使得水變得越來越鹹，而且越來越沒法維持生命。鹽的濃度飆升十倍，幾乎把水裡一切生物全都殺死，破壞之前曾經可以支撐六萬個工作機會的漁業。還不僅止於此，來自工業和農業的汙染物變得更加集中，然後落在隨著湖水退卻而露出的新生土地表面。既然是沙漠，接下來風就把數以噸計的有毒灰塵和鹽分從新近暴露的乾涸土地上刮起，全都直接傾入原本位在湖畔的村莊、城鎮裡頭，危害數以百萬、千萬計的人口。呼吸疾病和癌症發生率暴漲。

這不必然是鹹海的結局；最近（花了很多錢）努力要將河水改回注入湖中的努力，已讓小小的北側湖略有小小改善，魚類資源逐漸回復，不過南側湖依然還是等於報銷了。但它還是足以作為實證，見識到我們以為自己有辦法可以對環境做出大規模的地景改變，而不會造成什麼反彈。

奇怪的是，對於這兩條河流的改動並非第一次發生。我不確定是否有什麼「最常被改道河流」的世界紀錄，可是阿姆河絕對有機會贏得第一。好幾個世紀以來，自然抑或人工的干預一再反覆改變它的河道，從流入鹹海改為流入裡海（或兩邊都有），然後又改回去。西元二世紀時，人們以為它是流進沙漠裡，蒸發掉了，後來又改注入鹹海。十三世紀初遇上一次特別劇烈的人為干預，蒙兀兒帝國又再改變它的河道（詳情會在下一章仔細說明），至少有部分的河水流向裡海，到了快一六○○年時又再回歸鹹海。一八七○年代，蘇聯還沒個影子的時候，俄羅斯帝國慎重考慮過要將它改道流回裡海，所持的想法是認為把淡水注入一個鹹水湖真是有夠浪費。這個嘛……大自然不是這樣運作的，老兄。

一開始是因為農業，讓人們以誇張的方式改變環境，往往還帶來無法預期的後果，但那已不是唯一的方式了。農業在許多方面已被工業興起的腳步趕上，還有人類想把不要的東西全都往周邊一丟，而不怎麼認真思考後果如何，這似乎是個難以抑止的欲望。

這類後果的例子之一就是一九六九年某個炎熱夏日的清晨，凱霍加河（Cuyahoga River）著火燒了起來。

顯然，河流並不應該這樣的。讀者們只要對河流這個概念有點認識，都曉得所謂的河流是指中型到大型的天然水流渠道，而且水一般來說並不被認為特別容易燃燒。河流會做很多很多工作——把水從高處帶往低地，為時間的流逝提供隱喻象徵，形成U字形的湖泊，好讓孩子們至少對地理課還留下一點印象——可是冒出熊熊火焰絕對不算是其中一項功能。

不管怎麼說，凱霍加河真的燒起來了，而且更過分的是，這還不是它第一次著火——次數可多著呢。事實上，凱霍加河緩緩流經俄亥俄州北部的工業重鎮，然後將克里夫蘭市一分為二最後注入伊利湖（Lake Erie），它的汙染如此嚴重，在之前的一百零一年當中至少著火達到十三次以上。卡霍加河分別在一八六八、一八八三、一八八七、一九一二（所導致的爆炸還造成五人喪命）、一九二二以及一九三〇年燒起來過。一九三六年的火十分慘烈，肆虐長達五天之久，再強調一次，這並不是河流的慣性行為。一九四一和一九四八年它又燒過，而最具破壞力的則是一九五二年那次，當時河面積存的兩吋厚油料燃了起來，爆發熊熊烈火，摧毀橋梁和船塢，造成高達一千五百萬美元的損失。

相較於一九五二年那次，一九六九年的烈火不過是小兒科了。這次大火是因為油、工業廢棄物和殘渣結合起來，形成一個像是順水流的浮動可燃垃圾山燒起來了，模樣相當嚇人（火苗高達五層樓那麼高），不過在半個小時內就受到控制，克里夫蘭的消防單位，到這個時候已經很熟練要如何對付他們的河流著火這種事情。如今市民們顯然也是對此習以為常，這條髒水著火的相關報導只掙得《克里夫蘭誠懇家日報》（*Cleveland Plain Dealer*）內頁深處短短五段文字。

不過，要是克里夫蘭長期受苦的百姓，對於一九六九年河水著火這件事的反應只是「哦又來了」，全國的人民可不這麼認為。再怎麼說那可是六〇年代，而且一連串革命性的新想法正在撼動文化的核心，像是「少打仗」、「別那麼像個種族主義者」，以及「也許可以試看看別把地球完全搞爛了」。因此，當《時代雜誌》在幾星期之後以此為題做出報導的時候，用了「美國的下水道系統以及樂觀分子的代價」為題，就寫出如下令人印象深刻的話：「巧克力色、油滋滋、水面冒著泡，這條河慢慢地滲著，沒法暢快流動，存滿浮渣的小小波浪一股腦注入伊利湖，像是沒加蓋的露天排水溝。」《時代雜誌》的文章擄獲全國讀者注意，激起廣泛的關心——這大多要感謝隨文章刊出那些讓人下巴掉下來的照片，消防人員努力要控制火勢，有艘船隻陷入火海當中的聳動畫面。其實那張相片並不是一九六九年那次大火，而是取自一九五二年大火的檔案照片，因為一九六九年的火災很快就被處理好了，並沒有什麼攝影師或攝像團隊來得及趕到現場。一九五二年那個時候，同一張相片並沒能吸引全國的想像力，可是十七年之後卻有極佳效果。有的時候，時機勝過一切。

從一八〇〇年代開始，俄亥俄州的工廠就已經任意把副產品甚至是做出來的產品全都傾入凱霍加河。就像一八八一年示威者引述市長的話，這導致媒體、政治人物和大眾三不五時都要問：「呦，也許我們應該為此做點什麼吧？」但接下來誰都沒有真正為此做了什麼。戰後實施了一些心不甘情不願的措施，但是主要的用意是想讓河道安全可供船隻通行，而不是要讓這條河徹底不會冒火燃燒。

就算如此，凱霍加河成了人們面對環境破壞卻毫無反應的全國性象徵，多少有點不太公平，因為在大火之前一年，克里夫蘭市還通過了一些法令，要一舉把這條河清理乾淨。成為全國水道骯髒不堪的標竿，甚至還被寫進幾首歌裡，還真有少數幾位當地官員為這事頗有微詞。「我們已有採取必要手段清理河道裡的東西，然後就著火了」，有位先生哀怨地這麼表示。

總而言之，他們管的那條河，甚至還不是當時美國境內唯一會燒起來的河呢。一九六八年，水牛河（Buffalo River）著火了，還比凱霍加河早了一年，而密西根州的紅河（Rouge River）則是在一九六九年的十月，也在那之後沒過幾個月。（「拜託好不好，連河都會著火，麻煩可大了」，《底特律自由新聞》（*Detroit Free Press*）在事後如此表示。）它甚至還不是美國境內唯一著火多次的河——十九世紀，芝加哥河（Chicago River）著火的次數如此頻繁，人們經常會跑出來看熱鬧——就好像是國慶日放煙火那樣——不過它絕對足以贏得「北美最認真冒火不懈的河」獎項。

然而，冒火的河這個傳奇說法確實達到功效，激起全國反應。新興初生的環保運動，早因瑞秋·卡森一九六二年出版的《寂靜的春天》等書籍而有所預備，藉此開始集結（隔年就舉辦了第一屆的「地球日」）。國會被迫採取行動，一九七二年通過了《清水法案》（Clean Water Act）。漸漸地，美國水道的狀況有所改善，如今已經很少有河流會著火了。如此美好結局真是本書罕見的例證，人們真的採取必要行動讓事情變好，而且呢，呵呵呵，川普政府絕對沒機會推翻淨水標準，因為他們關心的是工業界汙染河流的許可不夠。〔手指著耳朵〕哦哦哦，我真的聽說他們已經這麼幹了。

大的水體冒出火來，大概算得上是比較戲劇化的例證，展現出人類一貫不變的本領：利用周遭自然世界，然後把它弄得更糟；但它們絕非孤例。基本上，人類走到哪兒，就有辦法把那裡搞得一團糟，全世界各地都滿布例證。你是否曉得，墨西哥灣裡有塊範圍廣大的「死區」？那是一大片幾乎被破壞殆盡的海域，從美國南方農業地帶流出的肥料擴散開來造成藻類大爆發，而藻類恣意生長就把水裡的氧氣消耗一空，把藻類之外的其他生物全都殺個精光。做得還真棒啊，各位！

或者，看看人類喜歡想都不想就把東西亂扔，完全不在乎它們會跑哪兒去，於是就有了中國貴嶼鎮的巨型電子零件垃圾場。這片惡名昭彰的電器墳場，二十平方哩當中堆滿來自世界各地沒人要的電子器材，過時的筆電，還有去年的智慧型手機堆得快頂到天了。從學理上講，貴嶼鎮是在做資源回收事業，這是件好事；不幸的是（直到近來），它也是人間地獄，空中到處都是一股又一股的濃密黑煙，人們用鹽酸沖洗這些廢棄物，毒性重金屬滲入土壤裡也進到人體內，焚燒塑膠的氣味處處可聞。（一直要到中國政府最近嚴加取締，執行更高的健康及安全標準——在這之後，有位居民告訴《南華早報》（*South China Morning Post*）說空氣品質已經大為改善。「你要走得很靠近，才聞得到焚燒金屬的氣味。」楊林宣如此表示。）

我們最嚇人的作品，大概要算是太平洋垃圾渦流（Great Pacific Trash Vortex）。在廣大無垠的海洋當中，有一大堆我們無心亂丟的廢棄物形成巨大渦流，這聽起來真是太詩情畫意了吧——這堆垃圾的面積有德州那麼大，北太平洋環流（North

Pacific Gyre）讓人搞出來的廢物繞著海循環遊蕩，永遠上不了岸。肉眼幾乎沒法看得出來，但是對海洋生物來說卻是貨真價實的具體存在。科學家最近估計，自從一九五〇年代開始人類大量使用塑膠以來，已經製造出八十三億噸。其中呢，已被丟棄了六十三億噸，如今正在地球表面四處晃蕩。真能幹啊，人類。

不過，要是你想看的是最激烈的例證，展現人類如何在無心之中把自個兒居住的地方破壞得一塌糊塗，一定要看看那座布滿巨大石製頭像的島嶼。

搞這麼多頭像，你就輸慘了

一七二二年歐洲人初抵復活節島時就被考倒了（那是一隊荷蘭來的探險團，要找一個據說尚未被人發現其實根本就不存在的大陸，真笨啊）。這個小巧、與世隔絕的波里尼西亞島民，缺乏現代科技而且毫無大樹，怎麼可能豎立起一堆龐大、細心製作的人像——有些高達二十一公尺，重達九十噸——遍布島上主要據點。

顯然，尼德蘭人的好奇心並沒有持續很久：他們很快就恢復一般歐洲人經常幹的好事，也就是歷經一連串誤解之後，射殺了好些當地原住民。接下來好幾個世紀，更多歐洲訪客還做了更多歐洲人剛「發現」一個地方會做的事，比如像是把致命傳染病傳播過來、將當地人綁架起來送去當奴隸、搞得大家魂飛魄散。（參見後面章節會談到殖民主義。）

接下來幾個世紀當中，白人帶來一大堆理論，要解釋這些神祕的人像怎麼可能出現在全都是「原始」民族的島上——大多數是說來自遙遠大陸難以置信地跨越大洋而來，或有時還會扯到外星人。（白人無法想像是非白人建造的東西，如此難題明顯而極理性的答案經常就會是：「一定是外星人做的。」）當然啦，這個問題的答案很明顯就是：波里尼西亞人放的。

初次登陸拉帕努伊（Rapa Nui）的那個時候，波里尼西亞人算得上是世上數一數二的偉大文明，他們能夠跨越數千公里遠的大洋，在各個島上定居。在此同時，除了少數迷路的維京人，歐洲人並沒有真正跨出他們的後院。

而且，拉帕努伊島孕育著一個先進的文化，擁有群內互助、密集農業、階層化的社會，而且人們通勤上工：基本上，通常是與絢麗富裕有關的一切理論特質全都具備。而那些當地人稱為摩艾（moai）的雕像，則是其他波里尼西亞社會常見藝術形式的最高成就。對於拉帕努伊島的社會來說，這些雕像同時具有精神層次與政治層次的重要性，描繪的臉正是他們所崇敬的祖上前輩，還象徵著下令建造者的特權地位。

因此謎題就轉變成另一個不同面相：要問的不是雕像怎麼來，而是要問島上的樹都跑哪兒去了？因為不管拉帕努伊島的人民怎麼把雕像運到定位，一定需要用到很多巨大的木材才能辦到。而且，豎起這些雕像的偉大文明，怎麼會變成勉強度日的小社會，操著破敗小舟去和初來乍到的荷蘭人打招呼（還被射殺）？

答案是拉帕努伊島的島民運氣不好，又自己把事情搞砸。

說他們運氣不好，那是因為後來研究發現這島的地理和地質，出乎尋常對於伐木的後果特別容易受害。正如賈德・戴蒙（Jared Diamond）在《大崩壞》（*Collapse*）一書中所說（他持的是「農業是大錯」理論，把拉帕努伊島的人推到前頭），與大多數的波里尼西亞島嶼做比較，復活節島小巧、乾燥、平坦、寒冷又偏遠。這些特質全都讓它比較不可能在把樹砍倒之後會自然而然補充替代。

說他們自己搞砸了，是因為他們努力要一直建更好的屋子、更好的獨木舟、更好的硬體建設把更多雕像運到定位，他們就不斷砍樹，也許並不曉得這些樹砍了就沒法再長回來，直到突然之間一棵樹也不剩。顯而易見，這就是公地悲劇（tragedy of the commons）。誰都不會因為砍倒一棵樹而要為此問題負責，直到最後無可挽回：至此每個人都脫不了干係。

其後果對拉帕努伊島的社會具無比破壞力。沒了樹木，就無法製造獨木舟讓他們到大海裡捕魚；無植被不受保護的土壤開始在風吹雨打之下遭受侵蝕，土地變得貧瘠，還會導致土石流橫掃村莊；到了寒冷的冬季，被迫要燒掉許多僅存的植物才能保暖。

而且隨著情勢越變越糟，為了越來越稀少的資源，不同群體之間的競爭也加劇。這似乎就導致悲劇性的結果，但很奇怪早在人們預料之中，人們在絕望情勢之下渴求社會認可或支持，聊以自慰他們並沒有犯下大錯。他們並沒有停下來。事實上，他們還變本加厲。拉帕努伊島的島民似乎全心投入要建造出越來越大的雕像，因為……怎說呢，人類面臨問題並擔心自己沒法克服的時候，總是會採取如此做法。當整個計畫崩潰瓦解，島上雕製的最後幾座雕像，甚至還沒法運出採石場，其他還有很多被棄置於半途上，始終沒能運抵目的地。

波里尼西亞人並不會比你我不聰明；他們並不原始也不是對於環境毫無感覺。一個面對著潛在環境災難的社會居然還會對問題視而不見，還做更多一開始導致如此後果的事情，如果你認為這很可笑，不妨看看這：呦，說的就是我們啦。也……許……看看身邊的人好了？（然後麻煩請將你家裡的恆溫器設定溫度調低，把可再生資源拿出來回收。）

在《大崩壞》一書裡，賈德．戴蒙如此思考問題：「砍掉最後一棵棕櫚樹的復活節島島民，他在動手的時候心裡是怎麼想的呢？」這真是個好問題，真的難以回答。很有可能會是「人生只有一次」之類的說法，不過是波里尼西亞語版本。

不過，或許比較好的問法應該是：砍掉倒數第二棵樹的復活節島島民，或倒數第三棵，或倒數第四棵，這些人心裡在想些什麼呢？如果其餘的人類歷史能有什麼指引作用，很有可能他心裡想的大概就會是：「不干我的事啦，老兄。」

你絕對看不到的七大景觀，因為人類把它們毀了

✪ 帕德嫩神殿（The Parthenon）

這一直是古希臘的珍寶，直到一六八七年鄂圖曼帝國與威尼斯交戰期間，把它拿來當火藥庫使用。後來，威尼斯的一發砲彈不巧正中目標，帕德嫩神殿就被毀了。

✪ 阿爾忒彌斯神廟（Temple of Artemis）

原本的世界七大奇觀之一，直到西元前三五六年，有個名叫黑若斯德特斯（Herostratus）的小子放了一把火把它焚毀，原因只是他想引起眾人關注。

✪ 萬谷湖區（Boeung Kak lake）

柬埔寨首都金邊最大也最美的湖泊，直到政策決定要用沙把它填平，在上頭

蓋高級公寓。如今不過是個水窪。

✪巴米揚大佛（Buddhas of Bamiyan）

阿富汗中部的一座雄偉釋迦牟尼佛像，高度超過三十公尺，二〇〇一年被塔利班政權炸毀，因為他們認為那是偶像崇拜。真他媽的混蛋。

✪諾默遺址（Nohmul）

這座馬雅時期的金字塔，是貝里斯境內最棒的馬雅遺址，二〇一三年被一些地產開發商拆毀，因為他們想用那石材去旁邊鋪路。

✪史林姆斯河（Slims River）

這條位於加拿大育空地區的大河，由於氣候變遷使得它的源頭冰川退縮，二〇一七年在四天之內完全消失得無影無蹤。

✪ 泰內雷之樹（Ténéré Tree）

這是地球上最孤獨的一棵樹，孤零零矗立在撒哈拉沙漠裡，直到一九七三年。雖然它是方圓四百公里內僅有的一棵樹，有名醉酒的駕駛居然有辦法一股腦撞上把它弄死。

3

生命嘛，會找到出路

隨著種植作物的發展，幾萬年前的第一批農人全都開始做了另一件事，將會以奇異且不可預測的方式改變世界——他們開始馴化動物。

其實呢，首度被馴化的動物幾乎可以確定要比農業的發展更早了上千年——不過那更有可能只不過是個結果還算令人滿意的突發事件，而非依循某個巧妙安排。狗是最先被人類馴化的動物，似乎是在大約四萬年至一萬五千年前變成家畜，發生的地點有歐洲、西伯利亞、印度、中國或其他某處（這麼難以確定是由於狗的ＤＮＡ有點亂，因為狗兒會很樂意和牠遇到的同類好上）。雖然，可能是因為有一名具企業頭腦的採獵人類遠祖，某天醒來突發奇想「我要和狼做朋友，牠一定會變得很乖」，更有可能是因為狗（至少，一開始的時候）基本上算是自己把自己馴化了。狗的源頭為何，最可信的說法就是狼開始跟著人們打轉，因為人類有食物，而且喜歡把吃剩的東西亂扔。長此以往，這些狼開始逐漸適應和人類一起生活；同時人類開始了解到，如果有些和善的狼跟著一起過日子的話，還真有助於防衛和狩獵，而且這些傢伙全都毛茸茸的，真的很毛。

不過，一旦認真搞起農業，人類就開始發現他們對植物的那一套說不定也能適用在動物身上，還能省下大家出去打獵的工夫。差不多在一萬一千年之前，山羊和綿羊在美索不達米亞地區被馴化了。一萬零五百年前，牛在當今土耳其地區被馴化，然後又在當今巴基斯坦一帶同樣發生。豬也兩度被人馴化，大概是在九千年前——分別發生在中國還有土耳其。在歐亞大草原，大概是在哈薩克一帶，馬大約是在六千至五千年前被馴化。同時期的秘魯，大約七千年前，人類首度馴服天竺鼠。當然，這似乎沒那麼了不起，但平心而論仍然是件很棒的事情。

把動物變成家畜，可帶來許多有用的好處——隨時能有蛋白質供應、毛用來做衣服，還有肥料澆灌作物。當然，並不盡然全是好處，這我們在上一章就曾經提到過。在居家附近養動物，疾病從動物傳給人類就變得容易許多；養牛飼馬似乎會和財富不平均的起源有所關聯；而且馬和象的軍事用途就讓打仗更像——打仗。

此外，動物的馴化也讓人類十分清楚認識到我們是自然的主宰，而且從此以後動物和植物都要任憑人類差遣運用。不幸的是，並非總是能夠順從人意，我們將會在這一章仔細探討。人類堅稱我們可以讓活著的生物都依照自己意願行事，其實都會導致反彈自食惡果。

舉例來說，回到一八五九年那時，有位名叫湯瑪斯・奧斯丁（Thomas Austin）的人患了思鄉病。

湯瑪斯先生是個英國人，不過他十幾歲的時候就來到澳大利亞的殖民地，過了數十個寒暑之後，他已成為富裕的地主和綿羊養殖者，維多利亞附近的家照管廣達兩萬九千英畝的土地。他很認真地重現祖國人們的活動：這位熱心的運動好手，培育並且訓練了一批賽馬，還把他名下的土地大多都轉變成保護區，讓野生動物生存其中並供人狩獵。他的產業在澳洲上流社會中享有盛名，以至於愛丁堡公爵到澳洲訪問時經常登門拜訪。幾十年後當他過世的時候，輝煌耀眼的訃聞提到「他更能體現正格的老派英格蘭鄉間紳士，不管是在澳洲這兒還是英國本土，都無人能及」。

他決心要在世界一隅過著傳統的鄉紳生活，讓他在自己能力所及的範圍內，於地球彼端完整重現英格蘭的樣貌。然而不幸的是，他就因為如此而把事情搞砸了。

那是因為，奧斯丁認為如果能有一些經典的英格蘭動物供他射擊，那一定能夠大大提升他的狩獵體驗（我們可以推測，袋鼠對他來說實在是不怎麼合胃口）。因此，他就要姪子用船運送一些動物過來。他引進雉雞和鷓鴣，野兔和山鳥，以及鶇科鳥類。而更嚴重的則是，他引進二十四隻英格蘭兔子。「兔子的引進，」他這麼表示：「只會造成小小損害，除了供人們獵捕之外，還可以提供一絲家的感覺。」

他以為的「小小損害」真是大錯特錯。雖然平心而論他說得沒錯，兔子確實提供了一個狩獵的目標。

奧斯丁並不是第一位把兔子帶進澳大利亞的人，但他的兔子得要為接著襲來的災難負最大責任。兔子最大的麻煩就是牠們繁殖的速度……快得不得了。問題有多大規模呢，可從以下現象看出端倪：一八六一年，距奧斯丁那批船貨到港沒幾年工夫，他就在一封信裡吹噓：「我這兒有成千上萬隻的英格蘭野兔哦。」

數目還不僅止於成千上萬隻。奧斯丁引進兔子之後十年，每年在維多利亞就有兩百萬隻兔子被射殺，卻一點也不能減緩牠們的數目增加。兔子很快地就遍布整個維多利亞，據估計每年大概進展八十哩。到了一八八〇年就在新南威爾斯現蹤，一八八六年到了南澳大利亞和昆士蘭，一八九〇年到了西澳大利亞，而一九〇〇年到北領地。

到一九二〇年代，兔子成災的最高峰時期，澳大利亞的兔口大約有一百億隻，每平方哩就有三千隻。澳大利亞等於是被兔子淹沒了。

兔子不僅會繁殖，還得吃東西（繁殖是件讓人發餓的工作，不是嗎）。牠們把地上的植物全都啃光，讓許多植物品種滅絕。為了爭奪食物，也讓許多澳大利亞的動物瀕臨絕種，而且沒了植物的根系抓住土壤，大地就四分五裂飽受侵蝕。到了一八八〇年代，問題已經十分明顯，有關單位束手無策。他們試過各種手段，全都無法阻止這些耳朵長長的傢伙肆意搞破壞。新南威爾斯政府在《雪梨晨報》（*Sydm*）刊登一則幾乎等於認輸的啟事，承諾要付出「兩萬五千英鎊給任何願意公開……之前在本殖民地尚未知曉能夠有效清除兔子的方法或程序」。過了幾十年下來，澳大利亞試過射殺、誘捕還有毒殺兔子。他們試過火攻或煙燻兔子的巢穴，或是把雪貂送進兔子挖出的地道把牠們趕出來。一九〇〇年代，他們還建了長達數千公里的圍籬，試圖要讓兔子別進到西澳大利亞，但那方法並不管用，因為其實兔子會挖地道，而且，顯然牠們還學會攀爬圍籬。

澳大利亞的兔子問題是最為人所熟知的例證，說明人類要到很後來才搞清楚的道理：生態系是極為複雜的東西，亂搞的話只會自討苦吃。如果你把動物和植物從一處搬到另一處，牠們才不會依照你的安排演出。正如某位偉大的哲學家曾說：「生命不受限制；它會拓展到新領域而且會衝破藩籬——造成困擾，甚至是危害。不過呢，怎說才好，就是這麼回事。」

（好啦，這是《侏儸紀公園》裡傑夫說的。我不是講了嗎，是位偉大哲學家說的。）

諷刺的是，一開始將兔子引進澳大利亞首度把事情搞砸之後，最終的解決方法也搞砸了。幾十年來，澳大利亞的科學家一直在試驗運用生物戰對付兔子：引進疾病希望兔子會被消滅，最有名的就是一九五〇年代的黏液瘤病。那方法一度十分有效，大幅減少兔子族群數目，可是沒法持久。它要依靠蚊子傳播病毒，所以在蚊子不能繁殖的地區就無法奏效，而且後來存活下來的兔子發展出對此病症的抵抗能力，數目又再度飆升。

不過科學家繼續探討新的生物戰劑。到了一九九〇年代，用的是出血性病毒。如今，用疾病來做實驗是個危險工作，因此科學家是在南部外海的某座島嶼上進行研究，減少病毒失控散布到大陸本土的風險。繼續，猜猜看發生了什麼事。

是的，一九九五年的時候，病毒失控還波及本土。生命不受限制，在這個例子裡是藉著蒼蠅搭了便車。不過，既然不小心讓（對兔子來說）致命的病原體跑了出來，科學家一定很高興能夠發現到……它似乎能夠發揮作用。自從兔子出血性疾病病毒出錯而被釋放在外，二十年來南澳大利亞的兔子族群數目又再度減少，同時植被回復，而且許多被兔子逼迫到幾近滅絕的動物數目也大量回升。我們只好期盼兔子的出血性疾病病毒不會出現什麼別的副作用。

有的時候，我們不應該把動物、植物搬過來搬過去，澳大利亞的兔子才不是唯一例證。

譬如尼羅河鱸（Nile Perch），這是一種長達六呎的巨型肉食性魚種，而且你可以從牠的名字猜得出來，原本產於尼羅河。然而，西非的英國殖民者對牠有更高期待。他們覺得把這魚引入非洲最大的湖——維多利亞湖，一定會是個絕妙好點子。維多利亞湖裡頭早就有一大堆的魚了，當地漁民捕這些魚並無不滿，可是英國人覺得還可以把情況更加改善。當時湖裡最多的魚是上百種不同的麗鯛類（cichlid），這些小而美的魚是水族玩家的最愛。不幸的事來了，英國的殖民官僚討厭麗鯛，說牠們是……「雜魚」。

他們決定，維多利亞湖裡應該要有更棒更大更酷的魚才行。他們認為，這樣對漁業也更有益。一大堆生物學家提出警告，告訴他們這並不是什麼好點子，可是一九五四年他們著手進行把尼羅河鱸引進湖裡。尼羅河鱸就按照牠們的天性辦事：把其他魚種全都吃光。

英國官僚說對了一件事，這大魚更適合漁業。漁業蓬勃發展，尼羅河鱸十分受歡迎，不僅可供商業撈捕食用，也是饒富趣味的釣魚運動標的。但是雖然漁業產值飆升五〇〇％，支持幾十萬個工作機會，維多利亞湖裡的魚種數目卻直直落。超過五百種其他的魚類絕跡，包括超過兩百種可憐、不幸的麗鯛。

不僅是動物，就連植物也會失去控制。葛根是一種亞洲常見的藤蔓，一九三〇年代時大量引進美國，是為了要解決一個之前已經提到過的問題：塵暴區。官方希望這種生長迅速的藤蔓有助於將土壤糾集在一起，避免進一步的侵蝕，而且它在這方面的作用相當顯著。不幸的是，它也很擅長把其他植物和樹木絞殺致死，同樣的，房舍、汽車以及任何遇到的東西都會遭殃。它變得在美國南方廣為分布，因而得到一個渾名——把南方吞掉的藤蔓。

持平來說，它並不是某些神話裡出現的想像毒藤草那種可怕植物，而且近來的研究已發現，它占據的土地面積要比一般認為的還少些。然而，它的數量還是多到不得了，想想看八十年前還根本沒有這東西呢，而且它依然被美國政府正式列為一種「有害植物」。

不過現在輪到要為它感到可憐了，因為入侵物種又遇上自己的入侵物種。二〇〇九年某時，日本葛根蟲設法跨過太平洋，而且一定很高興能落在亞特蘭大，發現那兒早就有一大堆的葛根供牠們享用。三年時光當中，這蟲傳播到三個州，除掉高達三分之一的葛根生物質量。要是你以為「好極了，葛根的問題解決了」，很可惜事情可沒有那麼簡單，葛根蟲也會破壞大豆作物，這是受災各州許多人的主要收入來源。一個問題突然得到解答，很可能到後來才發現，其實解答本身才是更大的問題。我們想要把新物種引介到牠們不該出現的地方，這種顯而易見的欲望，甚至不會因為那物種根本還不存在就作罷：有時我們會想方設法製造出全新物種。

一九五六年，巴西科學家科爾（Warwick Estevam Kerr）從坦尚尼亞引進一些非洲蜂后，想要設法讓牠們和歐洲蜜蜂雜交，就犯下如此錯誤：如意算盤是要讓兩者的特徵結合起來，生出更適合巴西環境的品種。

不幸的是，經過一年的育種實驗，該發生的事情終究還是發生了。科爾在聖保羅南方一座名叫里約克拉羅（Rio Claro）的實驗室，有一名養蜂人出了紕漏。有二十六隻坦尚尼亞蜂后脫逃，而且牠們所領導的那群歐洲蜂也隨之而去，在巴西建立起自己的家園。這些蜂后開始毫無區別地和遇到的任何公蜂交配，和好幾個不同蜂種生出雜交品系。這些「非洲化」的蜜蜂開始在南美洲迅速擴散開來，然後是中美洲、美國。其實，牠們體型較小，而且毒液要比之前的蜂種更少，但是牠們要防衛蜂巢的時候特別具攻擊性——造成蜂螫事件暴增為以前的十倍。而且多達一千人因為被這種蜜蜂螫到而斃命，因此得到一個渾號「殺人蜂」。這有點不太公平。牠們只不過是被誤解了。

生態系十分複雜，而且把自然的巧妙平衡搞亂將會受到反噬，人類跌跌撞撞學習這個道理的過程當中，有兩個例子特別突出值得一提。在世界的不同角落，相隔了好幾十年光陰，一位狂熱獨裁者和一位自以為是的文學愛好者，犯下幾乎一模一樣的錯誤，也都留下影響深遠的後果。兩人的錯皆出自同一個原因：他們太過低估鳥類了。

可別低估鳥類

第一集：說牠是害鳥太過分

毛澤東的「除四害」運動，實可列名史上最具災難性的完全成功公共衛生政策。這運動把社會的每個環節都集結起來達成目標，而且達到令人嘆為觀止的境地——這幾個目標有半數幾乎絕對會使全國人民的健康獲得重大、廣泛的改善。四分之二的成果不算壞，你可能會這麼覺得。

問題在於，第四個目標造成數以千萬計的人命損失。

癥結是，主事者並不了解生態系是由一大堆極端複雜、彼此交織的東西組成。綜觀歷史，人類一直難以弄明白對周遭自然環境做一些單獨的改變，不僅止於會造成隔絕孤立的後果。「哦，是啦，只不過在這增加一個物種，也許還要在那去掉幾個物種」，我們會以為，「這樣子做，一切都會變得更好」。就在這個時候，「不可預期的後果」就和它的朋友「連動作用」以及「連鎖故障」一起手牽著手共同來搗亂，來一場瘋狂破壞。

毛主席手下的共產黨人在一九四九下半年掌握中國政權的時候，這國家正深受一項醫療危機折磨。從霍亂、鼠疫到瘧疾，傳染病到處橫行。毛主席想在短短幾十年間，把剛從封建社會變成大致平均地權不過幾十年的國家再進展成現代工業化強權，如果要達成這個目標，就得有所行動。有些解決之道既明白又言之成理——大規模的疫苗接種計畫、衛生條件改善，諸如此類的事情。一旦毛主席決定集中精神把國家遭受的苦難都怪罪到動物身上，問題就來了。

蚊子傳播瘧疾，老鼠散布鼠疫，這當然無可否認。所以就搞出要來個全國上下齊心協力減少害蟲數量的方案。不幸的是，毛主席不是這樣就罷休。如果只是「除兩害運動」，那麼事情應該還算好辦。可是毛主席決定（想都沒想過要問問專家意見啊，想也知道）再加另兩個害蟲進來。要掃除蒼蠅，因為蒼蠅實在是太煩人了。那第四害是什麼才好？麻雀。

麻雀的問題出在哪兒呢？毛主席的想法是認為牠們會吃穀物。單單一隻麻雀，每年可以吃掉多達四．五公斤的穀物——要不是這樣，這些穀物可拿來餵養中國人民。他們算了一算，結論是說每消滅一百萬隻的麻雀，就可再多養活六萬個人。誰有辦法反駁？

「除四害運動」是從一九五八年開始，造成不可忽視的後果。這項全國性的運動要求每個人不論老少都要盡責，能殺死多少動物就殺死多少。這項運動宣稱「麻雀就是資本主義的爪牙」。人們拿著各式道具做武器，不管是蒼蠅拍還是來福槍都無所謂，學童則要接受訓練，盡可能努力射下越多麻雀越好。對麻雀心存不滿、喧鬧的人群走上街頭，揮舞旗幟，聯合起來加入對抗麻雀的鬥爭。麻雀的巢被搗毀，蛋被摔破，人民敲打碗盤將牠們從樹上趕下來，讓牠們無處歇息，直到最後力竭墜地而亡。光是在上海一地，據估計第一天行動就有差不多二十萬隻麻雀斃命。《人民日報》寫道：「打贏這場戰役之前，誰也不能退卻。」

是沒錯，這場戰役打勝了。達成指定的目標，以此觀點來看這的確是個成就——人類戰勝小動物的力量，全面獲得勝利。總體而言，「除四害」運動據估計殺掉十五億隻老鼠、一千一百萬公斤的蚊子、一億公斤的蒼蠅……還有十億隻麻雀。

不幸的是，很快人們就發現這麼一來會出現問題：這十億隻麻雀，吃的不僅是穀物而已，牠們也會吃昆蟲。尤其是，牠們會吃蝗蟲。

突然少了十億隻獵捕者讓牠們的數目減少，中國的蝗蟲歡樂無比，就好像每天都在過新年一樣。麻雀多多少少會吃掉一些穀物，但是蝗蟲和麻雀不同，牠們成群結隊，無情而貪婪地吃盡中國的糧食作物。一九五九年，總算真有一位專家的話被接受了（鳥類學家鄭作新之前就一直試圖警告人們這是個多麼糟糕的想法），「我們要殺的害蟲」官方清單裡，麻雀就被換成臭蟲。然而事到如今已經太遲；一旦消滅掉十億隻麻雀，不可能在一瞬間全都補足。其實，麻雀被殲滅並不是一九五九至一九六二年期間大饑荒襲擊中國的唯一因素——這是借助一連串不當決策協助才辦得到。在黨的要求之下，將尋求飽食的傳統農業轉變成高經濟價值作物，依據蘇聯生物學家特羅菲姆·李森科（Trofim Lysenko）那套假科學所制訂的新穎破壞性農法，還有中央政府獨占所有收成並且調離當地社群，全都是背後成因。不論大小官員都只顧報喜不報憂，導致國家領導人受到欺瞞而不自知，基本上只覺得「好得很」，而且全國的糧食還生產過剩。這就表示，一旦連續好幾年氣候異常（國內有些地方鬧水災，有些地方鬧旱災），就沒有多的儲備可以度過危機。

但是殲滅麻雀結果讓穀物被真的害蟲一掃而空，才是慘劇會發生的最重要因素。據估計，饑荒造成的死亡人數約在一千五百萬至三千萬之間，而更可怕的是，我們甚至不曉得是不是死了一千五百萬人呢。

你應該會希望這件事的教訓可以傳下來——除非你非常、非常確定後果會如何，否則千萬不要亂搞大自然，就算你真的胸有成竹，恐怕也不會是什麼好點子。可是似乎沒這麼簡單。二〇〇四年，中國政府下令要大規模撲殺麝貓和獾之類的哺乳動物，以因應SARS病毒爆發，明白表示人類從自己犯下的錯誤當中學習的能力還是和以前一樣貧乏。

可別低估鳥類

第二集：公園裡的莎士比亞

歐仁・席費林（Eugene Schieffelin）犯下和毛主席一模一樣的錯誤，不過卻是完全相反方向。毛主席的錯是出自公共衛生考量加上獨裁命令所致，席費林在他自家生態系造成的禍害——這個人造的自然災害一直持續至今——則是完全被怪念頭所驅使。

一八九〇年某個寒冷的早春日子，席費林的所作所為造成疾病散布傳播，導致每年價值上億美元的作物損失，甚至在一場空難當中造成六十二人喪生。這對於只不過想表現自己是個超級莎士比亞迷的人來說，實在是相當龐大的損失。

席費林是一位相當富有的藥商，住在紐約市，不過，雖然他所從事的行業有很強烈傾向會搞破壞，但他把環境弄得一團混亂的貢獻並非出自專業，而是由於個人的嗜好。他對那個時代流行的趨勢十分熱衷——對莎士比亞的作品極度愛好，另一個就是把物種移植到新的棲息地。

在那個時候，西方文化正經歷一場無所不包的莎士比亞再度流行，結果就是莎翁在流行文化裡也占有一席之地，幾乎等同現在的碧昂絲那麼紅。同時，依據某個法國想法，所謂「馴化學會」的團體已在西方世界各地散布——這是一些有錢的善心人士所組成的自發性社團，熱衷於把外國的動植物引進自己國內。（一直要過了多年之後，人們才了解到這想法有多麼糟糕。）

席費林犯的錯是因為他身為美國馴化學會的主席，學會設於紐約，而且他還是莎士比亞的死忠愛好者。因此，他想到一個討喜、古怪的計畫：他想到，要把莎士比亞在劇作裡提到過的鳥種全都引進美國境內。還有什麼更好的方式可以表彰這位最偉大的英文詩人？因此，美國馴化學會就開始努力了。

首先，他們遇到一連串的挫敗：像是雲雀、紅腹灰雀和歐歌鶇之類的鳥類被野放（其實是在城市裡放生），可是無法生存下來，在不熟悉的環境下過幾年就都死光了。可是後來，一八九〇年三月六日，席費林和助手們站在中央公園裡，打開好幾個鳥籠，把總數六十隻歐椋鳥放了出來。

這你也不能怪莎士比亞，可是，如果他在《亨利四世》第一部中的第三幕第一場選用略微不同的誇飾手法，事情就會截然不同。在那場戲裡，主角哈斯伯（Hotspur）為了說明他決心要持續對國王施壓，要他為自己小舅子摩提莫（Mortimer）付贖款（不管國王不准他提到摩提莫的名字）：

哼，我要養一隻能言的椋鳥，僅僅教會牠說「摩提莫」三個字，然後把這鳥兒送給他，讓牠一天到晚激發他的怒火。

莎士比亞就只提過這麼一次椋鳥。全部作品的其餘部分，根本見不著這鳥的影子。然而，只需一次，對我們的歐仁來說也就夠了。

一八九〇年一開始放生六十隻椋鳥，到了一八九一年席費林又回原地再放四十隻。一開始，第一批的美國椋鳥並不十分樂觀——幾個苦寒的紐約冬天之後，原本一百隻只剩下三十二隻還活著，而且看來似乎牠們也會追隨不幸前輩的後塵。可是椋鳥實在是很有韌性、厲害的生物，適應融入新環境，還依大侵小求得生存。說來還真有點兒諷刺，有一小批的椋鳥在美國自然史博物館的屋簷下覓得一塊棲身之所——這幢專供用來保存本國自然史的建築，在不經意之間協助大幅改變自然史。因為，椋鳥的數量漸漸地開始增加、增加、再增加。

十年不到，紐約市各地都可經常見到椋鳥出沒。到了一九二〇年代，美國境內已有半數地區淪陷。到了一九五〇年代，在加州也能見到椋鳥。

如今，約有兩億隻的傢伙遍及北美各地，從墨西哥州到阿拉斯加四處都能見著。

借用《紐約時報》的話來說，牠們已經變成「美洲最花錢也最有害的鳥種了」——或是說，如《華盛頓郵報》所言，「可算得上是北美洲最被人討厭的鳥種」。同類相聚在一塊總數可高達一百萬隻，牠們會大規模地摧毀作物，麥田和馬鈴薯田都同樣受到破壞，還將穀物儲藏全都一掃而空。牠們具有攻擊性，把本土原生鳥類趕離巢穴，而且還會散布疾病波及人類和家畜，像是黴菌感染和沙門氏桿菌。牠們隨地放屎，臭不可聞。

牠們的群集數量龐大也會對航空交通造成危險——一九六〇年在波士頓，據估計就有一萬隻椋鳥遇上從洛根機場（Logan Airport）起飛的航班，破壞引擎並且害得飛機墜地，七十二名乘客當中有六十二位遇害。

椋鳥是有害的動物，對健康構成威脅，還造成北美洲農業經濟的重大財務負擔。牠們會出現在北美洲，唯一的理由就是因為有一位好心的上等中產階級人士對自己的嗜好太過投入，而且從來不曾停下來想想可能的後果。要是他投入的是慢跑或在家釀酒或水彩畫，這些全都不會發生。

往好處想，我猜大概是有助於讓昆蟲數目下降吧？

被放在不該放地方的另五種動物

✪貓

貓兒無人不愛，但在紐西蘭是例外，在人們把貓帶過去之前，那兒並沒有什麼會狩獵的哺乳動物。這對本土物種是個壞消息，尤其是肥嘟嘟、不會飛的鴞鸚鵡（kakapo）。

✪蔗蟾

就和兔子一樣，蔗蟾（原生於南美洲）是為了做好事才被引入澳大利亞。在這例子裡，是要吃害蟲——甘蔗甲蟲。蔗蟾根本就不吃甘蔗甲蟲，可是牠們除此之外幾乎什麼都吃。

✪灰松鼠

美洲灰松鼠一被引進英國和愛爾蘭，馬上就開始仗勢欺人，霸凌本土原生的紅松鼠，讓牠們幾乎瀕臨滅絕。

✪白線斑蚊

這是一種特別惹人討厭而且還可能會散播疾病的蚊子（牠們無時無刻都在吃，和許多其他品種的蚊子不一樣），值得注意的是，牠們會跨越各大洲——一九八五年在一船舊輪胎裡從日本航行到美國。

✪烏鱧

聽好了，如果你要把亞洲的物種引進美國，最好不要挑選這種貪婪的肉食魚種，可以在陸地上行走還能離水好幾天不死。這樣只是自找麻煩啊。

4

跟著領導走

隨著人類社會變得越來越複雜，村莊成了市鎮，成了都市，不得不面對任何大團體遇上複雜任務都會碰到的一個問題——不管是要建立文明，或是要決定該去哪吃晚餐，全部無法逃避這件事。總結一句話，需要有個人做決定。

最早期的人類社會是如何組織起來的，我們並沒有非常了解。人性就是如此，我們可以說，總會有人喜歡指使他人，不過這何時變成一項工作而不僅只是個人愛好，整個過程並不完全清楚。

我們可確定的是（如前文所說），農業開始之後沒多久，人類就發明了不平等。做得好啊。考古學家仔細檢視初期人類聚落的房舍大小，就能看出端倪——一開始的時候，並沒有太大差別，這些社會看來相當平權。但是人類開始種植作物之後過沒幾千年，開始冒出菁英階級，他們的房舍要比其他人的還要更寬廣絢麗。在美洲，如此興起的不平等似乎在農業開始以後大約兩千五百年到達巔峰；可是在舊世界呢，差距就這麼持續拉大增加。為什麼呢？有個可能的解釋是說：舊世界有牛、馬之類的役用動物，可以用於交通以及拉犁耕田，就更能生產可以一代傳一代的個人財富，那最頂端的一％就此誕生。

而且到了某個時機，這些菁英不再僅僅比其他人更富有一點點，還開始實際管理統治別人。最早期的城邦國家，統治者大概像是精神層次或宗教的領導者，可是接下來到了大約五千年前，埃及和蘇美（現在的伊拉克）兩地皆有了不一樣的變化，出現大家最愛統治方式的最初期例證——世襲君主專制。有一塊蘇美石碑十分有用，它把所有的國王（單單只有一位女王）都按順序列出，這表示很有可能是人類歷史裡最早幾位國王的具體紀錄。然而，有一大堆顯然是無意義的廢話，沒什麼幫助。石碑上頭提到的第一位國王，阿魯利姆（Alulim），據記載統治了兩萬八千八百年，一看就知道不可能，因為這表示到現在他還有超過兩萬兩千年要統治呢。

究竟，為什麼人類要一而再、再而三地選擇「挑個傢伙負責管理一切」的方式來做決策？顯然，人們並沒有太多選擇。一開始的那些統治者可能是用武力奪得權力，或是用某種強迫的高壓手法。不過這看來也可能是和戰爭有關——埃及的法老王朝開始於埃及被征服而被統一之際，而且蘇美的國王是在城際衝突加劇的時候出現。之後一下子，西元前二三三四年，即蘇美諸王之後幾百年，被鄰邦忙著建立世上第一個帝國的薩爾貢大帝（Sargon of Akkad）征服。在墨西哥，瓦哈卡谷地裡，考古學家在這一處就能看到以上所有歷程——差不多三千六百年前採納農業之後沒多久，聖荷西摩戈特（San José Mogote）一開始只是個小型、均等、非階層化的村落。過了差不多一千年，和鄰近村落的衝突加劇，財富與不平等增加，直到兩千四百年前它被一位酋長統治，谷地落入戰爭狀態，而聖荷西摩戈特已遷移到山上，還開始建造防禦性的城牆。

「領導者先出現呢，或是戰爭先出現？」這差不多就是個「雞生蛋、蛋生雞」的問題，但兩者確實看似攜手並進——對其他的每一個人都很不幸，就算是你寧願維持一個小而平等的村莊也沒有辦法。對戰爭迷來說是個好消息，我們會用好幾章討論戰爭，不過在這兒我們還是把精神集中在領導者身上。

我曉得很難相信人類有幸運、頭腦清楚的時刻，可是三不五時成為國家領導者的人並不真正適合這項工作。事實上，這恐怕並不讓人覺得意外：就連起心動念想要統治一個國家，你大概至少得要有一點點超乎常人。有些人一早起床要挑雙襪子穿都覺得困難——想想看真要為全國人挑雙襪子穿是何等難事？

當然，有許許多多不同類型的領導者，國家被領導者困死還有許許多多方法。你已遇過形形色色的官僚：世襲的王朝、依據神權的治理、用武力奪權，還有各式各樣的獨裁手段。哦，你也會有民主選舉。我們會在下一章很快看一下民主搞砸的例子；至於本章，要探討的是歷史上最無能、糟糕，根本擺明了是個奇葩的獨裁者。

先從秦始皇開始好了，這是中國第一位皇帝，眼光遠大再加上殘暴卻有效率的做事方法，塑造人類現代社會到一個相當嚇人的地步。不幸的是，他那些錯亂、窮凶惡極的過分手段也把這帝國瓦解了。

秦始皇把戰國時代分裂的七個國家統一起來，透過巧妙狡詐的外交策略逐一征服各國。在他之前沒人辦得到：西元前二二二年之際，羅馬只不過正想要開始往義大利以外適度擴張，成為一個帝國，秦始皇建立的龐大政治實體會比他們還持續得更久。

他不僅做到那樣，還在同一時間啟動一連串改革，設下組織現代國家的標準：降低封建領主的影響力，並且建立中央集權的官僚體系，把書寫、錢幣和度量衡都標準化，建設重要的通訊基礎設施，像是道路系統以及早期的郵遞服務。哦，他開始建造最初幾段邊城，後來成為萬里長城的一部分。

那麼，「秦始皇的問題出在哪兒？」這麼說好了，不幸的是，他這麼做都是靠著鎮壓反對者、禁止反對的思想、處決不同意他的人，還用武力逼迫農民為他的各種建設計畫提供勞役。了解到歷史演進的趨向，那些大概全都不足為奇。

比較令人吃驚的在於，他用這一切前所未有的中央集權，以及無遠弗屆的通訊網路，都是為了：簡而言之，他用來追求長生不老藥。

秦始皇胸懷大志，熱衷於長生不老，他認為釋出這個新國家的能力，就可以使出渾身解數去搜尋永生的奧祕。他向全國發出通告，不管是醫師、兵丁或者生意人，來自各個偏遠地區，都被要求應該為他個人的追求付出心力。他把個人的追求當成政府的重大提案，中央朝廷接收來自各個邊哨的定期進度報告，各種草藥和製劑的樣品全都送來供他參考。其中之一，所有醫師都得要向國家登記。某個角度來看，這是種初期形式的中央集中化醫療系統。另一方面，其實根本算不上。

真是可惜，對他而言，這並不是一個絕佳的醫療系統。他對長生不老藥的追求正是他衰敗的原因，實在是個經典的超級反派作風。據信，他試過的長生不老藥裡頭有很多含有汞。自然而然，這汞就把他殺死了。（還很可能在他死之前，汞中毒已經把他搞瘋了，身為一位渴求權力的專制統治者，他的話就是金科玉律，如此結局顯然正如人願。）

到他死的時候，每個人都對秦始皇十分不爽，幾乎是他一離開歷史舞台，就馬上全都起來造反。秦朝沒法持久，即使說他建立的國家至今而言依然是個超級強權。然而，這國的人民從來不曾尋獲長生不老的奧祕。

還是在中國，不過把時間快轉到大約十七個世紀之後的一五〇五年，如果你想要清楚了解為什麼不應讓脾氣像個被寵壞孩子的人主持國政，或許可以先看看明武宗正德帝（本名朱厚照）的例子。

他不喜歡實際從事任何治理國家的工作，寧願出外獵野獸或和數量多到數不清的女子遊樂，這只不過是其一。雖不夠好，不過，皇帝如此你也沒啥辦法。

更怪的是他自己發明了另一個分身，一位名叫朱壽的勇猛軍事將領，還給這個想像出來的將軍下命令，要他去北方作戰——而扮演朱壽的他當然會服從照辦。這麼一來，還真是湊巧，剛好可以讓他離京好幾個月不用上朝。

這真是怪極了。

不過最怪的大概要算是他在宮內建了一個唯妙唯肖的市集，還會強迫所有高官武將扮成店主假裝是生意人，而他就可以扮成一名普通老百姓在市場裡閒逛，假裝像是一般人那樣購物買東西。而且，如果他發現有誰看起來為了這種根本侮辱人、浪費時間的把戲發脾氣，就會被革職，甚至更慘。

是的，這恐怕是最怪的了。

對了，還有一回，他想到在元宵節前把火藥全都存放在宮裡一定很棒。而後來結果正如你所料：火藥炸了。（他躲過大火，但二十九歲時卻因乘船落水染上疾病而死，真是笨極了。）

世襲制有個問題，往往會變成掌握權力的那人做什麼別的都好，就是不適合當統治者。正德帝就是如此，巴伐利亞的路德維希二世也一樣。他和這一系列的其他統治者不同，「瘋王路德維希」幾乎無害；他只不過是和眾人期待的巴伐利亞國王形象差個十萬八千里。他寧願用一生心血追求極度不真實的事物。

如果你一探那些被認為瘋狂的統治者，很難不發現這些「最瘋癲的君主」彼此之間具有共通點。換句話說，負責寫歷史的人好像會用「精神錯亂」或「自以為是」當作「異性戀程度不足」的代碼。

（這句話特別要說給瑞典的克利斯蒂納女王聽的，她不願結婚，偏愛穿著男性服飾，還留著一頭亂髮，要是現在的話很可能會被稱做是「好女伴」〔gal pal〕。一旦被逼要找個老公，她反倒放棄王位，穿著一身男裝離開瑞典，搬去羅馬，而且她是打扮成一名亞馬遜女戰士，騎著馬進城。）

我們只能試著猜測歷史人物的真實性取向（要記得，「同性戀」一直要到近一百五十年才在西方社會固化凝結成一個獨特、截然區分的身分認同）。即便如此，我們可以相當篤定地說，路德維希二世是位超級、超級男同志。

路德維希是位生性害羞、富創造力的夢想家，他對政治事務或軍隊經營之道一點興趣也沒有。一八六四年，當他以十九歲弱冠之際登上王位的時候，反而搞起自閉不公開活動，一心一意只想成為藝術的贊助人，更重要的是他做得相當成功。

他把資源投入劇場，聘請最有才華的人，將慕尼黑變成歐洲的文化之都。他還是華格納的忠誠粉絲，還成了他的專屬贊助人，在每個人都因他的雞姦行為想要將他驅逐出城的時候，為這位作曲家出錢出力，讓他能寫出後期生涯的傑作。最重要的是，他建了很多城堡。

路德維希想要讓巴伐利亞到處都有像童話故事裡的那種城堡，他花了大把大把鈔票，蓋出一座又一座越來越浮誇的宮殿——林德霍夫宮、海倫基姆湖宮，還有尤其是最誇張的新天鵝堡，就建在他兒時家鄉附近的某個岩峰頂上。

對巴伐利亞的偉大和福祉而言，這一切都造成許多麻煩。說路德維希對他的責任漠不關心也並不正確——他會快速檢閱文件，好回去關心他真正熱愛的事情——可是他為了自己的藝術追求而債台高築，討厭出席公開活動，而且他對軍事的興趣似乎是由於騎兵隊裡全都是帥哥。

當然還有繼承人的問題。身為國王，路德維希一直承受外界壓力要他結婚生子。他和一位同樣熱愛華格納的女公爵訂了婚約，可是臨大婚日他又一再推遲，最後乾脆取消婚約。在這之後，就沒有什麼機會了。

到最後，路德維希的債務不斷增加，而計畫中的城堡越來越精巧，宮廷裡的政敵決定要採取行動，就用行之有年的戲碼宣稱他已經精神失常。當然，路德維希家族可能有某種精神健康方面的狀況，這並非空穴來風（他的姑媽亞歷珊卓以為自己身體裡有架玻璃鋼琴，不過這並沒有阻止她繼續走上文學創作這條路）。可是呢，受叛徒策動為路德維希的診斷背書的四位名醫當中，誰都沒有親自對國王做過檢查，而且只有一位曾當面見過國王（還是在十二年前）。他們列舉國王不適任的種種證據，其中有一條是說他不讓侍者往咖啡裡倒牛奶。

然而這詭計得逞了，而且即使有位善心的女公爵盡了最大努力，一時之間用傘斥退警官，路德維希依然遭到罷黜，還被送去慕尼黑南方的一座城堡裡監禁起來（啊，不，是為了他的健康送去治療）。三天之後，路德維希和他的醫生雙雙被發現陳屍在一灘淺池裡，整件事只能說是「不可思議的狀況」，又更增添陰謀論的疑慮。

然而從某個方面來說，最後得勝的還是路德維希。那些花費鉅資建成的城堡都到哪去了？如今它們全都享有舉世盛名，新天鵝堡成了巴伐利亞享譽世界各地的標誌，每年吸引數以百萬計的訪客（這對巴伐利亞的經濟可真是好消息呢）。如果叛徒沒有將路德維希罷黜，而阻止他的進一步計畫，誰曉得還會蓋出多少城堡來？這會兒，搞砸的並不是可憐、愛做白日夢的路德維希，是那些叛徒啊。

就算你沒去過巴伐利亞，或者沒聽過什麼新天鵝堡，還是見過它上百次了，它那些羅曼蒂克的塔樓和尖頂，正是迪士尼修建灰姑娘和睡美人城堡時的直接靈感來源，而這兩座城堡本身就成了舉世最大娛樂公司的同義詞。每一回你見到迪士尼公司那張流星在城堡上空灑下魔粉的商標，其實是在看著路德維希的夢想成真。

如果說，埃及國王法魯克一世（Farouk I of Egypt）這輩子唯一值得注意的事情，是他在第二次世界大戰期間參加重大會議時扒走邱吉爾的錶，其實他還有別的過人之處。最差最差，他是個還不太嚴重的怪咖；往好處講，他絕對是戲謔之王的傳奇人物。

然而，法魯克的能耐還不僅止於此。

雖然他擁有我們難以想像的財富，法魯克——第二位也是最後一位成年的埃及國王——實在是太愛偷東西了。他會偷高官權貴的東西，也會偷平民百姓的東西。

他把埃及最惡名昭彰的扒手從牢裡放出來，只是為了可以向這位大師學習，精進偷竊技術。伊朗的沙王過世，遺體要運回德黑蘭路過埃及的時候，法魯克竟然從棺木裡偷取鑲有寶石的劍和其他值錢物品。（毫不令人意外，這導致一場外交風暴。）

法魯克或許算不上偉大國王，理由還不只偷竊這一項。他愛好美食，過著夜夜笙歌的奢華生活，都是盛名在外。曾經有人形容他是「一個胃加上一個腦袋」，這位十多歲的帥哥一登上王位，體型馬上暴肥超過二十英石（約一百二十七公斤）。他有一輛紅色賓利當作官式用車，愛得不得了，下令埃及全國都不能有別人擁有紅色汽車。他還蒐集了一大堆低級色情刊物。他好賭成性又出手闊綽，身邊跟著一大群投機分子、蹩腳藝術家以及貪腐的官員。有一次，他做了個被獅子攻擊的噩夢，醒來就去了開羅的動物園，二話不說當場把園裡的獅子全都射殺。

即使這樣，要不是他還用了許多其他方式和人民越離越遠，說不定還能全身而退。一九二二年，英國勉為其難承認埃及獨立，可是依然保留一大批不受歡迎的軍隊在埃及國內，而且許多被法魯克統治的人漸漸認為君主是西方的傀儡。而在英國這方面，越來越覺得法魯克做傀儡做得不夠。（要想知道更多這類事情，後有專章討論殖民主義。）

第二次世界大戰越演越烈，每個人都反對法魯克，不過絕對不是因為扒走邱吉爾的錶這種事情。都是些枝微末節的小事，例如像是德軍轟炸時整個城市管制燈火，他卻拒絕熄滅亞歷山卓王宮裡的燈火。或是他寫了一封信給希特勒，說他對納粹入侵樂觀其成，只要能因此擺脫英國就好。

法魯克如此充滿敵意的立場幾乎堅持到最後，差不多到戰事終了的時候，才慢吞吞地對軸心國宣戰，不過在這之後也撐不了太久。一九五二年他在一場軍事政變中被趕下台（君主制被完全捨棄之前，他六個月大的兒子名義上做了快一年的國王），就在摩納哥和義大利度過餘生，照《時代雜誌》的說法，他「變得更胖，更熱衷於追求女人」。最後他是依照流亡領導人長久以來的死法離開人世——四十五歲時死於心臟病，剛好在羅馬某家餐廳用過一頓大餐之後吸雪茄時發作。

（文件紀錄顯示，邱吉爾並不覺得偷錶是件好玩的趣事，十分氣憤要求歸還。）

你可能會希望領導人的水準隨時代進展而稍有改善，不過，還是有許多當代領導人做出難解的蠢事，不讓歷史上的昏君專美於前。舉例來說，治理土庫曼超過二十年的薩帕爾穆拉特．尼亞佐夫（Saparmurat Niyazov），從還屬於蘇聯一部分的時代就開始當政，歷經國家獨立，一直到二〇〇六年死亡為止。他樹立了一個楷模，絕對有辦法打造出一個以獨裁者為中心的人格崇拜，就算獨裁者的人格極度可笑也一樣。

幾十年來，終身總統尼亞佐夫隨自己高興統治國家，幾乎所有作為都十分詭異奇特。他堅持要被稱為「土庫曼巴希」，意思就是「土庫曼人的領袖」。他嚴禁狗兒在首都阿什巴的街道上出現，因為他不喜歡狗身上的味道。他禁止男子蓄鬍、留長髮，不准鑲金牙。他熱衷於對電視上的名人吹毛求疵，還禁止電視新聞播報員化妝，因為他說這樣會搞不清楚是男是女。他禁止歌劇、芭蕾和馬戲，禁止現場演出時對嘴，禁止在婚禮之類的場合播放錄好的音樂，還禁止人們在自己車裡聽廣播。

他在阿什哈巴德為自己建了一座巨大的金色塑像，這雕像還會轉呢，讓它能夠一直面向太陽。他真的非常喜歡把什麼東西都冠上自己的名字。二〇〇二年，他把一月改為「土庫曼巴希」（Türkmenbaşy），四月則是紀念母親而改為「葛巴索坦」（Gurbansoltan）。有一座大城被改名為「土庫曼巴希」（Türkmenbaşy）；麵包則是改名紀念他奶媽。阿什哈巴德的機場改名為「薩帕爾穆拉特土庫曼巴希國際機場」（Saparmurat Türkmenbaşy International Airport）。他為瓜果類定了休假日，尤其是某個新品種的甜瓜就被命名為「土庫曼巴希」。他寫過一本書，書名叫《魯納瑪》

（*Ruhnama*），又是詩選，又是自傳，又是花言巧語的歷史材料，又是自立自強的宣傳冊。不喜歡這本書就要遭受酷刑懲罰。國家的駕照考試，還必須對這本書內容有所了解。他把首都以外的圖書館全都關閉，理由是說人們只要讀讀《古蘭經》和《魯納瑪》就夠了。他在首都為那本書蓋了一座雕像，不僅會轉動，還會定時播放音響放送書裡的章節。據稱，閱讀此書是上天堂的必要條件。（這書說不定是靈體所寫／他人代筆。）

他花了大筆金錢搭建可笑的建築物，譬如像是沙漠中的冰宮、巨型金字塔，以及名為「土庫曼巴希之魂」造價六千萬英鎊的清真寺。他在偏遠的山區蓋了一座巨型水泥階梯，還強迫每位公務員每年都得順著這條路走二十三哩。二〇〇四年，他把國內醫療衛生單位的一萬五千名醫事人員全都解雇，改用士兵代替；他把首都以外的醫院全都關閉，理由是如果人們生病了再進城來看就好；他把原本的希波克拉底醫生誓詞換成對土庫曼巴希宣誓的誓詞。據說他習慣扣住走私的毒品留供自己享用，在沒開燈的自家住宅裡對著想像中的敵人開槍猛射。在他統治下沒有出版自由，反對者受到壓制，所有人民團體，不管你是政黨還是宗教團體，都得向「公正署」登記。就在「公正署」的外頭樹立一座巨型正義女神雕像——人們沒法不注意到，這女神像極了土庫曼巴希的母親。尼亞佐夫長期又極度糟糕的統治期間，有什麼更值得學習的地方，目前還不是十分清楚，除了說如果你發現自己的行為舉止有那麼一點像他，千萬千萬別繼續下去。

不過，就算土庫曼巴希再怎麼壞，土庫曼人民在他統治下二十年間是遭受怎樣的苦，他還排不上「最讓人遺憾的獨裁者」清單首位。還有更多邪惡、甚至可能是更無能的領導人呢。不過，要是你想聽聽一個獨裁政治如何把事情搞砸的好例證，那麼鄂圖曼帝國時期絕對難以匹敵，證明給大家看，有時壞事真會接踵而來。

鑲金牢籠

少有幾個地方像鄂圖曼帝國那樣，在十七世紀前半接二連三來了一整串糟糕到不行的領導人。其中有兩位的諡號帶有「瘋子」這種字眼，這可不是什麼好現象。更慘的是，其中一位稱不上「瘋子」的恐怕反而更適合得到如此稱呼。

上面提到的有兩位是兄弟，另一位則是他們的叔叔，很難不去懷疑是不是有什麼遺傳因素在其中作怪。可是不論如何，朝廷裡充斥著「是哦，啊不然咧」的氛圍。

如果你真想試著設計出一套系統，產生或多或少不怎麼穩定的統治者，看不出來還有什麼辦法可以超越此例。

在這個時期，伊斯坦堡的托普卡匹皇宮並不是個特別安全的地方，對於當朝蘇丹的兒子來說更是如此。問題在於你的兄弟——或者，要是蘇丹一死而所有王子都同時宣稱自己應該登上王座，他們就成了問題。

當時的君主政體都同樣容易發生這種事，之前好幾百年裡為爭王位繼承權爆發的極度血腥鬥爭成了傳統——這傳統還有個不良習慣，蔓延開來就成了曠日費時的內戰。這對誰都十分不便，對於想要擴張的帝國來說更是不利，因此蘇丹的王子們通常會認為預先防堵兄弟競爭更有效率……噢，方法就是把所有兄弟全都害死。

這種行之有年的手足相殘有個缺點，那就是如果蘇丹死了卻沒有一個子嗣來繼承王位，兄弟們殺得一個也不剩，那麼鄂圖曼王朝一直面臨著突然了結的風險。穆罕默德三世一五九五年登基時，把十九個弟弟全都殺了，這件事雖小，大家好像都覺得實在是夠了。因此，從穆罕默德三世的繼位者艾哈邁德一世開始，就達成一項協議：所謂的 Kafes，照字面意思就是「牢籠」。這「牢籠」就用來囚禁多出來的兄弟們。

這「牢籠」其實並不是一般的籠子——是一處設在後宮旁的高塔，相對來說布置得富麗堂皇的地方——可是它確實有若干和籠子共通的特徵。譬如說，沒法離開。艾哈邁德一世在一六〇三年當上蘇丹的時候，出乎意料地打破了兄弟相殘的傳統，讓弟弟穆斯塔法（Mustafa）活下去。當時艾哈邁德只不過十三歲，而穆斯塔法十二歲，這可能影響到他做決定——艾哈邁德甚至要到隔年才有子嗣。部分可能是因為他對穆斯塔法心生憐憫，這位弟弟此時已經相當柔弱了。主要可能還是由於艾哈邁德……生性太好？

不管怎麼說，穆斯塔法沒有被殺害，而是被送去住在「牢籠」裡，而艾哈邁德一世繼續當他的蘇丹。如此一切都平安無事，直到一六一七年，艾哈邁德死於斑疹傷寒。

到這時，艾哈邁德已經生了好幾個兒子，按道理應由他們繼承王位。這些王子還很年幼，再加上各種的宮廷陰謀（主要是出自艾哈邁德的寵妃柯塞姆〔Kösem〕，不想讓自己孩子在同父異母的哥哥當權後被殺），各方勢力決定要改變繼承的世系。不傳給艾哈邁德的長子奧斯曼（Osman），而是兄弟相傳。就因為這樣，穆斯塔法成了穆斯塔法一世。

持平而論，這樣做並不妥當。

穆斯塔法真的不是做蘇丹的料。他似乎對於當蘇丹這想法並沒有十分熱衷，而人生前十二年一直相信哥哥要置他於死地，接下來十四年又被囚禁起來，除了吸鴉片、和情婦廝混沒別的事可幹，對此情勢一點幫助也沒有。掌握權勢的宦官還曾抱持希望，讓穆斯塔法重返社會，或許可以讓他認真一點。才不呢。

穆斯塔法的主要統治法看來包括了有：咯咯笑個沒完，扯元老的鬍子，還會在元老想要跟他講重大政治議題的時候打掉他們的頭巾。他喜歡指派隨隨便便的什麼人——例如像是出去打獵時遇到的農民——去擔任位高權重的官員。人們還注意到，他在宮裡有兩名幾近全裸的奴隸女子隨侍在側，還有個習慣是用金幣、銀幣餵魚。

這一切持續了三個月，直到大家都覺得夠了，穆斯塔法一世被罷黜，而由十四歲的奧斯曼取而代之。不知為何，他二度逃過死劫，再次被送回「牢籠」。

這事或許可以結束了，可是早熟的奧斯曼二世是一位胸懷大志、不按牌理出牌的蘇丹，滿腔熱情想要改革，拒絕被傳統束縛。（好吧，大多數的情況啦。在他當權期間，的確設法逼迫謀害至少一位兄弟，全都是為了算舊帳。）奧斯曼犯下大錯，惹得鄂圖曼軍隊的菁英單位——耶尼切里軍團（Janissaries）心生不快，指責他們沒能贏得他所指揮的一場戰役，關掉他們的咖啡廳以資懲罰，還禁止他們抽菸或喝酒，之後還計畫要把他們全都解散掉，並且改拔擢在敘利亞的另外一隊軍人。奧斯曼對他們作戰能力的批評或許言之成理，毫無意外耶尼切里軍團並不是完全支持這項計畫。因此奧斯曼二世成為鄂圖曼歷史中第一個弒君犯上的例證，透過絞殺和「捏爆蛋蛋」的創新組合方式被他自己的軍隊殺死。

然後，沒有別人可以接下王位，穆斯塔法又再度被放出「牢籠」。而他的狀況……不好。

是不是每個人都認為再被囚禁了四年也許可以改善他的心理狀態，並不能十分肯定，不過就算是這樣，這些人很快又要失望了，因為穆斯塔法馬上又再故態復萌一團混亂。首先，當他們把穆斯塔法從「牢籠」裡放出來，說他又成了蘇丹，結果他反而是把自己關在裡頭不願意到外面來，說「我不想要當蘇丹」（這也是合情合理）。好不容易把他從屋頂上開的洞口吊出來，結果他大部分的時間都是在宮裡四處搜尋要找奧斯曼二世，認為前任國王還在世，只不過是躲在櫥櫃裡罷了。他的想法是這樣的：要是能找到奧斯曼二世，就可以再次取代他登上蘇丹大位，而穆斯塔法再也不需要待在這兒了。

就這樣又過了十七個月（這段期間，穆斯塔法至少還有時間找一位路上遇到的驢夫要他去主持一間大清真寺），到後來每個人都再也無法忍受下去。就連穆斯塔法的生母都同意再次將他罷黜，不過有個條件，只要別害他的命就成。很不尋常，每個人都同意了，穆斯塔法被送進「牢籠」度其餘生，居然能夠當二次蘇丹卻不曾被謀害。

新任蘇丹，穆拉德四世（Murad IV），對鄂圖曼宮廷裡的權貴來說有兩大優點：一，顯然他並不瘋；而且二，他是個十一歲的小孩。他的母親柯塞姆，一位手腕高超的權力玩家，由於如此巧妙安排就能夠擺布一位傀儡蘇丹，掌握實權好多年。好景不常，等穆拉德四世年紀夠大現出本性，要不是真的心智不正常，那至少是個貨真價實的大壞蛋。

他繼承的帝國正值多事之秋，穆拉德決心要維護自己的權威，來硬的。他認為自己同父異母兄弟奧斯曼只對軍隊下達禁令做得還不夠，穆拉德決心要在鄂圖曼帝國境內禁菸、禁酒，還有尤其是咖啡。

一連串「讓大家都受不了的措施」當中，在土耳其禁喝咖啡，差不多等於在法國禁止起司，在英國禁止族群刻板印象，在美國禁槍。可是穆拉德鐵了心，他十分討厭喝咖啡的人，甚至會在夜裡穿上便服到街頭巡邏，看看有誰膽敢喝咖啡，當場處決。

如果不是在執行他那嚴格的反咖啡法令，他喜歡用任何他想得到的其他理由處決百姓：演奏的音樂不對、講話太大聲、走得太靠近皇宮，船隻太靠近也不行，或是只因身為女人。尤其是因為身為女人，他真的很討厭女人。

到他在位的後期，穆拉德甚至根本不再處決，因為那就表示至少他還得想出個什麼處決的理由。他差不多就是帶著劍到處閒晃，醉得糊裡糊塗，遇到哪個倒楣的傢伙就殺誰。據某些推測的資料，穆拉德四世在位十七年裡，五年間就親手殺害了差不多兩萬五千人——平均起來每天都要超過十三人。再強調一次，這還是稱號沒被加上「瘋子」兩字的傢伙幹的好事咧。

對了，顯然他也把奧斯曼留下來沒害死的其他兄弟幾乎全殺個精光。

穆拉德四世死於一六四〇年（死因是肝硬化，被禁止飲酒的百姓們知道這一定會有點吃驚），這時其實只剩一位兄弟還活著沒被害死，名叫亞伯拉罕（Ibrahim）。到這個時候，亞伯拉罕一生二十五年實際上都是在「牢籠」裡度過的，終日惶惶不安似乎逃不過總有一天會被謀害。他的想法也不完全錯：穆拉德其實在臨死前有下令要把亞伯拉罕處死，寧可眼睜睜看著鄂圖曼帝國整個瓦解，也不願讓亞伯拉罕登上王位。謀殺不成的唯一理由是因為主母柯塞姆介入阻止，兄弟鬩牆的時候往往都是要靠這解決。

然而，如果大家都因為穆拉德已經不在人世而鬆了一口氣，亞伯拉罕很快就糾正他們的錯誤想法。因為就算他進「牢籠」的時候並沒有發瘋，等他被放出來時確定已經不正常了。

就和前任穆斯塔法差不多，他一開始完全不願離開「牢籠」——他認為這全都是穆拉德的陰謀詭計，全都是為了置他於死地。人們真把穆拉德的屍體帶到他面前，才能讓他相信。

真將他哄騙出來，柯塞姆——或許了解到他真的不適合掌權——就提議也許他可以把精神花在女人身上。不幸的是，亞伯拉罕把她的建議做過頭了。

除了其他怪癖（比如像是狂愛皮草，整天穿著毛皮大衣，還要求宮裡每個房間都得堆滿數量龐大的皮草），亞伯拉罕還有性強迫症，根本不知飽足。柯塞姆忙著治理他的朝廷，如此正合母后的意，她供應亞伯拉罕大量的性奴隸，還讓他用春藥用上癮，這麼一來他就不會累也不會不舉以致性功能無法表現，好讓他不會突然自己掌權發號施令。

亞伯拉罕的性癖好包括一些極為殘忍的情節，這我得要在此先說明白了。正如多年後摩爾達維亞督軍德米特里・坎捷米爾（Dimitrie Cantemir）所寫：「他經常會在皇宮的花園裡聚集一批處女，要她們脫個精光，像匹種馬在裸女之間跑來跑去嘶吼狂叫，一個一個姦淫，還下令她們彼此互踢或打鬥。還有更糟的。依據坎捷米爾記載，有一天亞伯拉罕出門時見到一頭野牛，見到牠那雄偉的陽具羨慕得不得了。他為之如此著迷還鑄了個模型，並用這模做了許多純金打造的陽具分送到全國各地，還下令要奴僕去找個女人可和牛的陽具相合。

是真的。

（備註：值得注意的是，說不定坎捷米爾下筆時並非完全沒有偏見。反之，他曾在君士坦丁堡住過，在那學習，還會講土耳其語，而且是在這些事情發生之後幾十年內所寫。另一方面，他寫的書名叫做《鄂圖曼帝國興衰史》，而且是在摩爾達維亞棄鄂圖曼改投俄羅斯之後沒多久所寫，在戰場上慘敗，又被罷黜流亡在外，因此他可能會懷著一點的怨恨情緒。被說是「衰亡」的鄂圖曼帝國又苟延殘喘了兩個世紀。）

不管是不是真的因為這場與牛邂逅的經歷，讓亞伯拉罕動念要去找尋心目中的女神，還真的在亞美尼亞給找到了。她被取名為「方糖」，很快就成了亞伯拉罕的最愛。打從這時起，事情開始失去控制。某天，方糖跟亞伯拉罕說，別的情婦裡有一名不忠實，這讓亞伯拉罕突然抓狂，以至於拿一把刀子劃過自己兒子的臉頰開玩笑，接著——因為無法分清楚誰是那個「有罪的人」——就把多達兩百八十名女眷全都裝入布袋打結沉入伯斯普魯斯海峽淹死，僅僅兩人倖免除外，只有一人活下來。這之後某一天，害怕方糖的影響力越來越大，柯塞姆設晚宴請她過來聊聊，趁此機會就把她害死。（她跟亞伯拉罕說，方糖是突然急症發作而亡。）

事到如今，亞伯拉罕的過分舉動差不多已讓每一個人都離心離德，而且要支持他這種奢華的皮草嗜好以及對女色的追求，已經把公款用盡。他有好幾個兒子，王朝不再受到威脅。就連柯塞姆也同意，事態已經太過誇張，也就同意一個計畫要把他趕下台。幾十年來第二度，耶尼切里軍團叛變，一群暴民拆掉亞伯拉罕的大宮殿，把亞伯拉罕送回可怕的「牢籠」。亞伯拉罕生前最後悲慘的十天，回到大部分兒時歲月待過的地方，後來陰謀分子決心要快刀斬亂麻，就把他害死了。

這段期間鄂圖曼帝國的歷史，讀起來真像是厭女症狂熱之下的一場噩夢——有時會讓《權力遊戲》看似《鄉間生活》劇集——有時還真難以想像。當然啦，有時難以區分什麼是真的，什麼又是要把政治動亂和謀殺事件合理化的純粹政治宣傳，那又是另外一回事。

這個歷史時期的故事，並不只是關於瘋子、少數幾位當權的女子想要維持大局穩定——世上大多數地區，此時都是個新技術的時代，經濟大幅變遷，而且擁護支持的對象變來變去，國界重劃，四處烽火漫天。鄂圖曼帝國並未能置身事外，到了十七世紀後半，總算脫離這段不穩定的時期，鄂圖曼人已告別制度化的兄弟相殘還有內戰，鑄造發行新貨幣發展經濟，還已經很有效地把政府體制從封建極權君主政體轉變成現代化的官僚制度。這段時期並不是標示著鄂圖曼帝國開始走向衰亡，總體而言，帝國恢復得相當好。

不過，對那些遭到謀殺的人來說，恐怕也沒那麼寬慰啊。

另五位真的不適合負責管事的領導人

✪ 威廉二世（Kaiser Wilhelm II）

德國的威廉二世自以為是協商大師，可以在外交場合點石成金。事實上，他唯一的才能就是把遇到的每一個外國都得罪光，這大概有助於解釋第一次世界大戰是怎麼爆發的。

✪ 詹姆斯六世與一世（James VI and I）

算不上是有史以來最差勁的國王——他把蘇格蘭、英格蘭和愛爾蘭三個王國統一起來，還下令做了一本貨真價實的《聖經》——但是他熱衷獵巫，親自監督拷打巫師，還寫了一本書詳談他如何發動獵巫行動。

✪ 克里斯蒂七世（Christian VII）

丹麥的克里斯蒂七世在許多方面都相當糟糕，但他最不像個國王的表現大概要算是止不住、無法控制的自瀆癖。

✪ 沙皇彼得三世（Tsar Peter III）

這位國王真的很喜歡玩具兵。和凱薩琳結婚後多年都不曾圓房（她把國王罷黜後就成了「大帝」），因為他都醉心於把玩玩具兵，而且還因為某隻老鼠咬他的玩具兵而召集一場軍法審判大會。

✪ 查理四世（Charles IV）

這位國王最有名的幻覺就是以為自己是玻璃做的，隨時可能會碎裂。法國的查理四世被英國欺騙，簽了一紙條約表示英格蘭君主繼承法國王位——基本上就引發好幾百年的戰爭。

5

人民力量

感謝獨裁者們以驚人規模，把事情搞砸得如此雄偉、如歌劇般華麗，歷史上一直有不同國家試過要緩和一下，方法是嘗試所謂「民主」的玩意。不得不說，並不是每回都能順利成功。

什麼地方最先嘗試民主制度，還多少有所爭論——早期、小型的社會幾乎可確定都會有某種集體決策。也有證據顯示，約在兩千五百年前的印度出現像是民主的東西。不過大致來說，約略同一時間，西元前五〇八年，希臘的雅典城邦才真正算得上是採納民主政體，並且將它法制化。

當然，許多民主的重要特徵（政府對所有人開放、透過選舉讓人民可換掉不受歡迎的政府）其實要看有誰能被視為「人民」。而且，史上大多數時間，許多國家，那並不包括若干不重要的幾小類人——例如像是女人、窮人，或少數族裔。我的意思是說，不能讓每個人都擁有權力，是吧？

民主的另一個問題則是，一般而言，人們以為這樣可讓他們擁有權力的時候才會大力支持民主，可是一旦似乎會取走他們的權力，突然之間就變得沒那麼熱衷。因此，只不過是要確保民主制度能繼續存在下去，往往需要耗費累死人的努力。

譬如說，羅馬試過各種巧妙的手段，想阻止民主崩潰變成獨裁。其中一個方法就是把執政官的權力拆開分給兩個人——所謂執政官是最有權勢的民選職位，同時身兼民間與軍方的領導。每年要選一次，每個月交換手上擁有的最重要權力，而且四個羅馬軍團分由兩位執政官各自指揮兩個。這是個相當聰明的辦法，確保絕對權力不會落入任何單獨一人手裡。

不幸的是，若一場戰役需要動用全部四個軍團的話，就不怎麼理想了——正如西元前二一六年發生的坎尼會戰，羅馬面對的是迦太基聯軍，由喜歡運用大象作戰聞名的漢尼拔指揮。這麼一來，大軍的指揮權在瓦羅（Gaius Terentius Varro）與鮑羅斯（Lucius Aemilius Paullus）兩執政官之間每日輪流交替。他們兩人對於如何用兵沒有共識，更加深這個問題。小心翼翼的鮑羅斯指揮一天，然後由比較豪放的瓦羅指揮，如此反覆下去。漢尼拔想要誘羅馬軍出戰，他只需等一天，等到由瓦羅領軍就可以順他的意了。結果就是羅馬軍幾乎算是完全被殲滅。

羅馬人其實有個方法可以阻止這類分化發生——他們可以指定一名「獨裁官」，在危機時刻授予他絕對權力，彼此的認知是一旦得到權力要去做的特定事項完成後就會辭職。（諷刺的是，就在坎尼會戰之前沒多久，羅馬元老院才因為不喜歡某位獨裁官的策略而將他罷免。）還是一樣，這在理論上很棒，卻是依賴你給予絕對權力指揮大軍的那人，相信他會自願放棄權力。大多數都是如此，直到有位野心勃勃的傢伙名叫凱撒，覺得掌握權力的滋味真不錯，而且真的把權力據為己有不願放棄，說不定你也會這麼做。結果凱撒被刺，但他的繼任者也覺得絕對權力太過美好，所以羅馬共和國很快就成了羅馬帝國。

民主制度曾經用過，要避免有誰會對選舉過程擁有不當影響力的方法裡頭，有些還真是相當了不起。如果你搞不清楚美國的選舉人團制度，那麼你真要感謝不是身在威尼斯共和國。在 doge 這個字被「神煩狗」用去，以萌又呆的柴犬照片成為網紅之前好幾個世紀，威尼斯負責主政的一位共和國總督就是叫做 Doge，這位領導人被選出的方式大概是有史以來最複雜的選舉人團制度。

一二六八年建立的選舉人團制度，就是想要避免任何人有辦法操控選舉。威尼斯的共和國總督是這麼選出來的：首先用隨機抽籤挑出三十個人組成委員會。從這些人當中，再抽一次籤，將選舉人的數目減至九位。由這九位選出四十名委員會成員，然後抽籤減成十二位。由這十二位挑選二十五人，再抽籤減成九位，請他們挑選四十五人，然後抽籤留下十一人，再請他們挑選四十一名——最後最後，整個程序第十個回合，由這四十一人選舉共和國總督。

試試看一口氣大聲唸完。

這真是可笑至極，威尼斯的政治學者若想要預測結果，那鐵定是可怕的一場噩夢。可是對威尼斯的那些寡頭執政者來說（也就是說，如果你當得上），這方法成功得很，因為這制度持續了超過五百年繁華歲月，直到一七九七年威尼斯共和國最終被拿破崙．波拿巴征服為止。

實話實說，那做法讓威尼斯成為一盞長明燈，試想，至截稿日為止，即戰後七十二年這段期間，義大利歷經了六十五個政府和四十三任閣揆，這真是特別出眾的表現。相較之下，同一時期英國只有十五任閣揆（所舉兩個例子裡，都有人做過不止一任，所以是算組閣次數）。「至截稿日為止」這句話很重要，因為很不幸地在本書最後完稿階段，義大利又遇到定期就要發作一次的憲政危機。等到本書出版，義大利人可能要邁進第六十六屆政府第四十四任閣揆，說不定還更多。因此，如果要追求數字正確無誤，考慮以上實情，我們乾脆留個空格，讓各位讀者自行更新義大利究竟換過幾次政府：

從一九四六年以來，義大利已經有過（　）任的政府。

（請造訪網址 howmanygovernmentshasitalyhad.com 查詢最新數字。或是用鉛筆寫好了？）

民主如此脆弱，其中一項問題出於此：在良好寬鬆自由的民主制度下看似合情合理的某些政策，如果被比較威權的統治者拿去用，就會有很嚇人的反噬效果。舉個例子，看看十九世紀前半的墨西哥，剛脫離西班牙獨立沒多久，當局想要好好開發北部德克薩斯省的不毛之地。墨西哥想要有一片緩衝之地，不受卡曼其族（Comanche）以及美國向西擴展的侵擾，就開始慫恿美國的牧場主和農人越界過來定居，將大筆土地交給「開發商」（empresario）處理，這些中盤代理會想辦法鼓勵美國人採取行動（對某些人而言，兩國之間沒有引渡條約也是重大因素）。

等到某些「開發商」掌握重大政治權力的情勢浮出檯面——而且很多移民者不願融入當地社會，也不願遵守墨西哥政府的法令，這時他們才開始認清如此做法有點過頭了。墨西哥人嚇壞了，一八三〇年突然試圖要禁絕美國人移民，卻發現自己無力阻止美國移民跨越美墨邊境湧入。

當（相對）自由派的墨西哥政府被獨裁、威權的統治者取代，即安東尼奧・羅培茲．德．聖塔．安那（Antonio López de Santa Anna）總統，他在一八三五年解散墨西哥國會，並且強行通過重大憲政改革，將權力集中，實際上成了獨裁者。他也開始全力壓制德克薩斯省的異議人士，而對於美國移民社區的鎮壓只會讓緊張更進一步升高——沒多久就展開全面反叛。到了一八三六年，經過一場戰爭（包括臭名在外的阿拉莫之役），德克薩斯宣布獨立。到了一八四五年，德克薩斯成為不斷擴展的美國的一部分，而且，並沒有成為對抗美國擴張的有效緩衝，反倒是墨西哥失去一個相當有價值的省分。

我們可從這個例子學到好些性質各異的教訓。一方面，「千萬別招來移民，然後又反對這同一批移民」。另一方面，還有「別以為你會一直保持民主，因為問題就是這麼出現的」。

當然，民主依靠的並不是投票的人一開始做了良好決定。譬如說，一九八一年加州有個小鎮蘇諾爾（Sunol）選出一隻狗當市長。這隻黑色拉布拉多混種狗名叫博士可．拉莫斯（Bosco Ramos），牠的主人萊伯（Brad Leber）有天晚上帶牠出門到當地的酒吧閒扯淡，讓狗加入選舉，結果就以懸殊票數擊敗兩位人類候選人。對蘇諾爾和博士可說句公道話，這件事其實看來還運作得滿好的——大家都稱讚博士可很乖，在市長任上超過十年，直到一九九四年過世為止。二〇一三年有位居民對《聖荷西信使報》（*San Jose Mercury News*）做出如下回憶：博士可「常會到酒吧逛，如果你不餵牠的話就一直對著你叫呢」，而且據說牠還和鎮上好幾隻母狗生了不少小狗，講實話這還真是標準的政治人物作為。博士可留給蘇諾爾美好的回憶，如今還有一座銅像豎立在鎮上，而且牠在任上只引起一次國際事件——天安門廣場慘案前夕，中國的《人民日報》就用博士可為例攻擊西方民主制度，說「人和狗都不分」。結果，博士可參加一群中國留學生在舊金山中國領事館外舉辦的支持民主集會。

博士可被選上可能是出乎預料之事，但牠還算不上是最奇怪的非人勝選者。這頭銜大概要頒給保法皮士（Pulvapies）才對，這個足用藥粉品牌在一九六七年被選為厄瓜多小鎮皮柯阿薩（Picoaza）的鎮長。保法皮士甚至並不曾正式參與選舉，但它的製造商在當地做了個打趣的行銷活動，口號是「選誰都好，不過如果你要的是健康衛生，那就要選保法皮士」。到了投票當天，保法皮士在好幾個區域得到上萬張自由填寫的選票——而且在皮柯阿薩這個地方，足用藥粉居然脫穎而出，讓眾多候選的人類懊惱不已。

可是，選出非人的政治人物的確離經叛道，如果你真想搞一個讓人印象深刻的民主爛攤子，還是挑一個人來做例子比較可行——事實上也是如此，厄瓜多近代史裡，選個足用藥粉品牌市長根本算不上是最糟的選舉結果。

這榮銜恐怕要頒給一九九六年選出阿夫達拉．布卡拉姆（Abdalá Bucaram）當總統那次。布卡拉姆原本是位警官，還當過市長，偶爾客串搖滾樂歌手，他自命為「瘋人」（El Loco）展開競選活動，攻擊國內的菁英階層而大受歡迎，橫掃選票獲得大勝。當警官的時候，他已是惡名昭彰，根據《紐約時報》在他被選上時所做的報導，他「追捕穿著迷你裙的女士，跳下摩托車，將縫線扯開好把裙子弄長一些」。市長任內，他的事蹟也包括向當地商家勒索要錢，而且一九九〇年還逃到巴拿馬，以避免貪腐起訴。總統競選活動期間，他用的非傳統集會和競選廣告（往往會由他上台高歌，還有造勢活動都一直跟著的隨行樂團伴奏）激起國內的勞動階級，答應他們布卡拉姆會終結國內政治階級熱愛的私有化和撙節新自由主義政策。其他政治人物一碰就要出局的各種事情——比如像是他留了希特勒樣式的小鬍子，還說《我的奮鬥》是他的最愛——看來都不太能阻止他邁向成功。

一旦掌握大權，國內投票給他的那些貧民，見到他上任幾個月後公開的經濟藍圖多半都要大吃一驚。這是個新自由主義的方案，更加推行私有化還更加碼撙節措施，恰恰就是他被選上要來終結的那些名堂。哦，他還試圖要移除總統任期的限制。而且，他宣布經濟政策的演講脫稿，對批評他的某家報紙大加撻伐。

他在任期間一直醉心於自以為是的行為，包括發行一首歌名為〈瘋人也有愛〉，和洛蓮娜．波比特（知名閹夫案的女主角）會面，還為了慈善公益出售自己的希特勒式小鬍子。他也要自己十八歲的兒子雅各非正式負責關稅局，據指出他還為雅各賺進人生第一桶金而辦了一場盛會。（當年厄瓜多的最低收入為每個月三十美元。）

不出所料，輿論很快就反過來對布卡拉姆表達不滿，激起大規模街頭示威反對他執政，而他上台短短六個月就被罷黜剝奪總統職位，理由是他「腦筋有問題」。（那八成只是個託詞，可是如果你用「瘋人」為號召，那就很容易被冠上這個稱呼。）他還被指控挪用數以百萬計的公款，而馬上就（再度）逃走流亡巴拿馬。我們可從這個例子學到不少教訓，不過最主要的一項大概是「如果有誰留著希特勒式的鬍子，那麼，嗯，可能多少是個危險的警告信號」。

說到這……如果要討論民主怎麼有本事迅速犯下夢魘般的大錯，那就不得不提到希特勒。

希特勒

你瞧瞧，各位在想什麼我都知道。在一本討論人類最恐怖過錯的書裡提到希特勒，其實並不算是最大膽的一招。現在你應該不會說「哦哇，是誰啊沒聽過，真是個吸引人的歷史珍寶」。

可是除了他是個種族滅絕狂，我們對他的標準看法裡還有一個面向好像被忽略了。即使大眾文化早就樂於把希特勒轉變成取笑嘲弄的對象，我們依然相信納粹冷酷、能幹、有效率，而且偉大的獨裁者絕大多數時間都在……呃，下達命令。認真想起來，希特勒實際上是個無能、懶惰的自大狂，而且他的統治之道根本就是一場小丑表演。

事實上，這可能還有助於他崛起掌權，因為他一直被德國的菁英階級看扁低估。在他成為首相之前，很多對手都斥之為一場笑話，因為他的言論粗鄙而且造勢大會俗不可耐。照某位雜誌編輯的說法，他是個「病態的笨蛋」；另一位寫道他的黨是「一群無能者」，人們可別「過分高估這搞笑的政黨」。

即使納粹已經成為國會最大黨，人們依然一直覺得希特勒是個很容易對付的傢伙，是個吵鬧喧譁的白痴，可被聰明人輕易控制。才剛下台的德國首相法蘭茲・馮・巴本（Franz von Papen）憤恨地下決心要重拾權力，以為他可以利用希特勒當馬前卒，就和希特勒談判要組成聯合政府。一九三三年一月達成協議後，讓希特勒當首相，巴本擔任副首相，而且內閣裡全都是巴本的保守派同盟，巴本胸有成竹可以獲得勝利。「他是受雇於我們」，有位熟識者警告他可能犯了錯，就得到如此保證。「不出兩個月，」巴本對另一位朋友這麼預測：「我們就會把希特勒逼到角落乖乖求饒。」

然而事與願違。事實上，兩個月內，希特勒就完全掌控德國，要求國會通過法令賦予他絕對權力，可繞過憲法、總統，還有國會本身。

為什麼德國的菁英人士如此持續低估希特勒？可能是因為他們其實並沒有錯估希特勒的能力——他們只不過是沒能了解，這並不足以阻擋希特勒的野心。結果將發現，希特勒掌權還真是搞得一團糟。正如他自己的出版負責人奧托・迪特里希（Otto Dietrich）後來在回憶錄《我所知道的希特勒》一書中所描述：「在他統治德國的這十二年裡，希特勒造成文明國家從未出現過的最大政府錯亂。」

希特勒恨極了得要研讀書面報告，經常連參謀為他準備好的文件都不看就下重要決定。他並不會和下級進行政策討論，反而對著他們展開即席、閒談式的演說，想到啥就講啥——這可讓他們怕極了，因為這就表示在他講完之前什麼事也別幹。

希特勒的政府內部總是亂成一片，官員不知道他的要求，沒人真正清楚該由誰負責什麼事情。一旦被要求做困難的決定，他就會大加拖延，往往到最後是靠著一股衝動，連最親密的同盟也摸不清他的計畫如何。希特勒的「不可靠讓每位共事的人都要抓狂」，他的知己漢夫丹格（Ernst Hanfstaengl）後來在回憶錄《白屋與褐屋之間》（*Zwischen Weißem und Braunem Haus*）裡這麼寫。這表示他們並不是在執行國家的任務，反而把大多數時間花在彼此鬥爭背後插刀，要麼想博取希特勒的贊同，要麼根本避免讓他注意到，一切都看當天他的心情如何。

這究竟是希特勒刻意的計謀好讓自己可以為所欲為，還是說他真的不會處理事情，歷史學家們有所爭論。漢夫丹格認為這是個狡詐的計策，要散播分化和混亂——不可否認在這方面做得相當有效。不過，如果你查查希特勒的其他個人習慣，很難不認為那不過是讓一位懶惰自戀的人掌理國政的必然結果。

希特勒真是懶到不行。依據他的副官弗利茲．魏德曼（Fritz Wiedemann）所說，即使是人在柏林，不到十一點不會起床，而且在午餐之前除了看看報紙寫了他什麼事，根本啥事也沒做，而剪報是由認真盡職的迪特里希送到他面前。希特勒甚至不喜歡待在柏林，在這兒人們會一直要他做事；他會利用任何機會離開政府所在地，到他位在上薩爾茲堡（Obersalzberg）的私人鄉間度假屋去，在那裡他做的事又更少了。到了那兒，他甚至下午兩點還不出房間，更把大部分時間花在散步，或是看電影直到凌晨。

他愛極了媒體和名流，似乎常常是用那樣的眼光來看待自己。他曾經形容自己是「歐洲最偉大的演員」，還寫信給一位朋友：「我認為我這一生就是世界史裡最偉大的小說。」他的個人習慣裡有很多奇怪甚或幼稚之舉——他經常會在大白天打盹，會在用晚餐時咬指甲，而且嗜食甜品出了名，這就導致他吃了「驚人數量的蛋糕」，並且「在杯裡放了好多塊糖，幾乎沒有任何空間裝茶」。

他對於自己缺乏知識極度沒有安全感，若不是忽略與他偏見矛盾衝突的訊息，就是猛烈抨擊其他人的專業——據說如果被別人指正，他就會「氣得像隻獅子」。「實情不合他意就發脾氣的話，人們怎麼告訴他真相呢？」魏德曼十分感嘆。他討厭被嘲笑，換成別人被笑的時候卻是樂在其中（他對討厭的人會故意模仿嘲弄）。可是他也極度渴求自己所鄙視的人認可，而且如果報紙寫了什麼恭維他的話語，他的心情會很快好轉。

在當時，這並不是什麼特別的祕密或不為人所知。因此許多人並沒有把希特勒當一回事，瞧不起他只是個「半瘋的惡棍」或「留著鬍鬚的多話男人」，直到一切都已太遲。某個層面來看，他們並沒有錯；另一方面，更重要得多的層面，他們錯得可離譜了。希特勒的個人缺點，並沒能阻止他擁有了不起的直覺，用於政治話術而能獲得群眾熱愛，結果是其實不需要具備特殊能力或有效治理，就能做出可怕的事情。

我們往往以為如果發生什麼糟糕的事情，背後一定是有什麼強大的支配智慧存在。這可以理解：我們會覺得，如果不是有一個惡靈拉動弦線控制，事情怎麼可能會錯得這麼離譜？這種心態的缺點在於：我們往往以為如果沒法立即找出一個惡靈，那就可以稍稍放輕鬆點，因為一切都會安然無恙。

但歷史告訴我們這種想法是錯的，而且我們會一而再、再而三地犯這個錯。很多史上最為糟糕透頂的人為事件，都並非由惡靈造成。反而是一個又一個蠢蛋以及頭腦不正常的傢伙接力而為，毫無章法地胡亂動作，還是在那些過度自信以為可以控制場面的人協助之下完成。

六項不怎麼有效的政策

✪人頭稅

柴契爾政府裡最聰明的智囊們突發奇想，一種自以為更為公平的稅制：每個人，不管有錢沒錢，都付同樣稅額。這導致大規模的拒繳、暴動，到最後柴契爾被迫辭職。

✪禁酒

美國在一九二〇至一九三三年之間試圖禁止飲酒，喝酒的人確實減少了——可是也讓犯罪組織獨占酒業，使得許多地方的犯罪率飆升。

✪眼鏡蛇效應

在印度德里為了要控制有害的動物，英國政府提出賞金徵求眼鏡蛇死屍。人們乾脆養起眼鏡蛇來賺賞金，因此英國政府就取消賞金，結果人們把不值錢的眼鏡蛇全都放生。結果呢：更多的眼鏡蛇。

✪斯姆特—霍利關稅法案（The Smoot-Hawley Tariff Act）

一九三〇年大蕭條開始造成傷害之際，美國對進口貨施加鉅額關稅，想要提振國內產業，反而導致貿易戰，更惡化全球不景氣。

✪杜普烈斯孤兒院（The Duplessis Orphans）

一九四〇及一九五〇年代的加拿大魁北克省，政府提供教會團體補貼，用來照顧孤兒以及心理疾病患者。但是精神科的給付是給孤兒的兩倍——因此有成千上萬的孤兒被假意診斷為患有心理疾病。

✪ 今天不上路（Hoy No Circula）

一九八九年，墨西哥市想要藉由在某些日子禁止駕駛特定車輛減少空氣汙染。不幸的是，人們並沒有去搭公車，反而購買更多的汽車，這樣他們總是可以有一輛車能合法上路。

6

戰爭啊戰爭，究竟好在哪？

人類真的很愛打仗。很多方面來看，這可算是我們的「獨鬥絕活」。考古紀錄裡最古老的證據顯示，有組織的集體暴力行為可溯及大約一萬四千年之前，尼羅河谷地的傑貝爾薩哈巴（Jebel Sahaba），不過我們不得不承認人類彼此打鬥的歷史大概要更久些。同一時間（這在前幾章提到過）來自墨西哥奧哈卡的證據指出，很有可能一旦人們開始聚居在村落裡，就會想要襲擊別的村落，而且事情只會越演越烈。

據估計，所有已知的社會之中有九〇%至九五%會經常發生戰事；能夠盡可能擺脫這種命運的少數幾個例子，多半是比較與世隔絕獨立的那種，還停留在居無定所、游牧或狩獵採集的生活方式。

不過，歷史上倒是有個值得注意的例外——距今五千年前位在印度河谷地的哈拉帕文明（Harappan civilisation），即今日阿富汗、巴基斯坦和印度的部分地區，與美索不達米亞和埃及的文明差不多同一時間興起，哈拉帕文明是個先進的社會，擁有上百萬人口。它的大城市展現出精巧的都市規畫，還擁有像是供水管線、廁所以及公共澡堂之類的設施，而且它的文化生出創新技術與藝術，貿易範圍既遠又廣。而且，看來它似乎大致遠離戰爭——可以說根本沒有。考古學家發掘哈拉帕城市的遺址至今已有將近一個世紀，發現很少聚落被襲擊或摧毀的證據，只有少數幾個例子是重大的要塞或防禦工事，哈拉帕的藝術裡並不會描述戰爭，而且毫無跡象顯示它們擁有軍隊或大量的軍事武器儲備。（而且很有意思，和同一時期其他足堪比擬的文明不同，也找不到許多偉大領導人的紀念物留下來。）

這現象有時會讓人覺得哈拉帕文明就像是某種理想當中的嬉皮世界原型，這想法很有意思，不過恐怕只不過是一廂情願，絕非實情。雖然它們確實是個相當冷靜的社會，和周邊鄰居相處融洽，也具有地理上的優勢可受到保護，不會有誰想要入侵，如此一來，要不發生戰爭當然容易得多。而且，當然有可能是我們尚未發現戰爭的證據罷了；若是如此，那絕對不會是得到和平主義稱號之後，新發現又將此盛名完全摧毀的第一個文明。哈拉帕的書寫系統依然未能被我們正確解讀，所以說不定總有一天我們會解開謎團，然後發現寫的是「啊哈哈哈，讓我們把所有和戰爭相關的東西全都藏起來，讓考古學家被耍得團團轉」。

不過當然啦，到目前為止，雖然同一時期其他早期文明都真的很容易陷入戰爭還有侵略征服一類的事情，看來哈拉帕社會能夠維持昌盛好幾百年，不受任何外部衝突重大影響。而且然後呢，不知何故，哈拉帕文明就這麼……淡出歷史舞台。人們開始從它的城市裡移出，返回鄉間。西元前兩千兩百年左右的氣候變化，造成好幾個其他早期文明衰亡，會讓山谷裡越來越乾燥，不再富饒；人口過剩以及過度耕作已造成糧食短缺；而且就像其他密集的都市人口一樣，更容易受傳染病危害。不論是什麼原因，到了距今三千五百年前，那些城市幾乎全都被人們捨棄，而人類史上短暫出現過的「無戰爭文明」至此告終。同一時間，世上其他文明繼續成長茁壯，繼續打來打去。

（有個令人不安的可能性，那就是說哈拉帕的關鍵大錯在於沒有戰爭，而文明確實需要有戰爭才能維持下去。這麼一想倒是滿歡樂的。）

這會兒，我們運氣很好可以活在一個相對和平的歷史階段，即使如此，你可能已經注意到我們其實並沒有少打仗。世界各地每年的戰死人數已經有幾十年一直持續下降，使得有些作家認為這現象表示我們其實已經進入一個和平、理性、國與國之間友好的新時代。不過，老實說，要這麼宣稱大概還太快了些：再怎麼說，所謂的持續下降是從第二次世界大戰的史上最高峰開始算。人類可能只是在重啟大戰之前稍稍喘口氣而已。

在這本討論失敗的書裡，如果我說一切戰爭在某個程度來說都是某人的重大失敗，應該是不言而喻。然而，戰爭除了本身就是件壞事，戰爭的混亂、短視還有崇尚強壯男性的可笑作為，其實也強化人類在許多其他方面徹底失敗的先天本領。戰爭是集體腦充血；換個方法講，就是中樞搞砸。

這在著名的加的斯之役（Battle of Cádiz）展現得一清二楚，更精確來說應該重新命名為「加的斯之醉茫茫」。一六二五年，英格蘭決定要一舉擊潰西班牙。（統一王國、下令編修聖經、獵巫出了名的）詹姆斯六世及一世剛死，留下長子查理一世繼任大統。查理自從西班牙拒絕把公主許配給他，就一直對此懷恨在心，想要討回一些面子，使出渾身解數，最終害他身首異處。當時他和同夥決定採取老派的做法，發動幾波海盜襲擊，奪取西班牙人從美洲運回來的金銀。

到了當年十一月，英格蘭和荷蘭聯軍的一萬五千名士兵和一百艘船艦駛進西班牙南部加的斯灣。他們是要去搶東西的，不答應都不行。就算是這樣好了，他們抵達時因為迷失了方向又來得太晚，完全沒遇到西班牙的艦隊以及從美洲帶回來的財寶。不過，報復的時候到了。

不幸，即使在他們抵達加的斯之前，已經很明白攜帶的食物或飲水並不充足。所以當攻擊部隊上岸的時候，遠征軍的指揮官塞西爾（Sir Edward Cecil）決定要讓餓壞肚子的軍隊先去找點補給，而不是急著去作戰。自然而然，他的部隊立刻就像英格蘭人出國在外一貫的行為：他們蜂擁而上直衝加的斯的酒窖，而且搞得酩酊大醉。一曉得全軍都嗨翻天了，塞西爾做出明智決定，整個放棄原先計畫，下令部隊撤回船上，不光彩地偷偷溜回國。總算，大部分的人都成功撤回，可是約有一千人醉到不行，就留在加的斯附近遊蕩，直到西班牙軍出現把他們全都殲滅。

英格蘭入侵加的斯就是這麼失敗的。

英格蘭在加的斯的醜態，經常名列史上最重大的軍事失敗——可是說實話，如果不去管有些人被殲滅這件事，其實還挺好的不是嗎？到場，吃不飽，喝個大醉，幾位朋友掉隊：真是個經典的假日。如果不打仗，反而是經常派一大批人到對方境內喝喝酒，鄉間小鎮沒有目的地胡亂閒逛，這世界大概會變得更快樂得多。不過，寫到這，突然想起來歐盟其實不過就是這麼回事。

你將會很訝異地發現，戰場上許多笨得可以而大發慈悲的場合，酒精都是個要角——例如像是一七八八年發生在卡蘭塞貝什（Karansebes）「不怎麼算數」的一場戰役。即使敵方從來不曾出現過，奧地利軍居然有辦法在這場戰役中蒙受重大損失，實在是令人印象深刻。事實上，他們的部隊（正在和鄂圖曼帝國作戰）一直要到過後一陣子遭遇到此役後果，並不切實曉得發生了戰役。

究竟發生了什麼事，嗯，其實有點模模糊糊的。比較明白的是，奧地利軍在夜間撤退時路經卡蘭塞貝什（在今日的羅馬尼亞境內），小心提防土耳其人的追兵。這時，關於事件的描述眾說紛紜。有個說法，來自羅馬尼亞瓦拉幾亞（Wallachia）地區的當地部隊開始流傳謠言，說土耳其人追來了，為了造成混亂以便掠奪行李火車。另一個說法，一隊騎兵軍官遇到一名瓦拉幾亞的農夫載著滿車白蘭地，認為他們已經騎了一整天應該可以輕鬆一下。過一會兒，來了一隊步兵，意有所指詢問騎兵是否打算把白蘭地和步兵兄弟們分享，這時事情就變得……麻煩起來。

不管是什麼原因（各方說詞的共通點，就是每個單位都試圖怪罪其他單位），大多數的消息來源似乎都同意，事態一發不可收拾都是從某人對空鳴槍開始，然後另外有人開始大喊：「土耳其人，土耳其人！」（八成已經醉了的）騎兵覺得事情十分嚴重，自然而然也一樣開始騎著馬四處大喊：「土耳其人！土耳其人！」這個時候，每個人都驚慌失措，開始想要逃離想像中的土耳其軍。黑暗與混亂甚至酩酊之中，兩隊大軍相遇，雙方都誤認對方是讓人聞風喪膽的敵軍，就開始對著另一邊發狂開火射擊。

等到每個人都發現其實並沒有什麼土耳其人攻擊，好些奧地利部隊已經逃之夭夭，車輛和大砲都翻倒在地，而大部分的補給不是丟了就是毀了。隔天當土耳其軍真的出現時，發現奧地利軍傷亡慘重，營地的殘跡四處散落。

損失了多少，估計值相差十分懸殊。有個說法只提到「許多」傷亡，另一個說法提到有一千兩百人受傷，而寫給奧地利領導皇帝約瑟夫二世的信中，說他們損失的「不僅只是所有的鍋子和帳篷……還有三門大砲」。有關這場戰役最有名的幾個記載都把死亡人數定為高達一萬人，不過幾乎可以肯定那數字是某些小子發明的，要讓故事聽起來比較動人。總歸一句話：出了一些狀況，有些人死了有些人沒死，不過大家都同意這事真是蠢到爆。

我認為，這可以歸類於所謂的「戰爭迷障」。

如何有效設法敗給自己，另一個好例子發生在美國內戰期間的彼得斯堡圍城戰（Siege of Petersburg），北軍居然有辦法別出心裁，把一次戰術勝利搞成羞死人的挫敗。他們把南軍釘死在一座要塞裡，花了一個月的時間準備最後一擊，要以誇張的手法一舉突破堅守的城池。他們的實際做法如下：他們挖了一條一百五十公尺長的地底隧道，直抵南軍要塞正下方，還在裡頭布置好多好多的炸藥。

一八六四年七月三十日清晨，他們把城牆炸開，爆炸的規模似乎把所有人都嚇了一跳。總共炸死好幾百名南軍士兵，還留下一個極大的窟窿，五十一公尺長、十公尺深。北軍都嚇得呆呆地看著那大洞發楞，大約過了十分鐘才發動攻擊——不幸，南軍也花了好多天做訓練，操演各種策略，就等城牆被攻破那一刻要拿出來運用。那是因為受過訓練的士兵都是些黑人，臨到開戰前北軍指揮官卻下令部屬把他們都換成白人，因為他很擔心外界看了觀感不佳。所以白人士兵衝向南軍陣地，全都——一股腦跑進炸出的坑洞裡。

有可能他們覺得坑裡會提供良好掩護，但其實不然。一旦南軍士兵在爆炸震撼之後重新集結，就發現己方包圍著一個很大的坑洞，裡頭擠滿爬不出來的敵軍。北軍的增援一直來，不知何故都決定一起進到坑內，和被困住的同袍作伴。南軍指揮官後來形容這簡直就是「獵殺火雞」。

我們可以從這場戰役學到的兵法要點：別走進地上的大洞裡。

初出茅廬的兵法專家還可以學到一條重大教訓，戰爭期間通訊攸關生死。這是從一八九八年美西戰爭期間太平洋上的關島學到的教訓，因為殖民母宗主國西班牙根本忘了告訴他們已經開戰了。

拜此失誤所賜，一小隊美國戰艦加速趕到毫無防備的關島，對著聖克魯茲（Santa Cruz）的舊西班牙堡壘發了十三砲，關島的高官們還划著小船去迎接這些戰艦，感謝美國人這麼慷慨多禮，還道歉表示要花點時間才能回禮，因為他們得從島的另一邊把大砲移過來。

過了一陣子的尷尬時刻，美國人解釋說他們開轟並不是在放禮砲，而是真的要來作戰，因為雙方政府已經宣戰了。這幾位高官發現自己如今成了戰俘，多少有點惱怒，解釋說他們已超過兩個月沒收到來自西班牙的消息，對於雙方開戰這件事完全在狀況外。西班牙的官員們退開，對於接下來該怎麼辦起了一點爭執，同一時間還有位當地的商人賴著不走想要找機會搭訕，因為他發現美國軍艦的艦長是位老朋友。

幾天之後關島正式投降，打從那刻開始一直就是屬於美國的領土。

人類這個物種，對於「別重蹈歷史覆轍」這類事情並不在行。不過，少有幾個例子能像一九四一年的這件事那麼引人注目：希特勒十分精確地重現拿破崙在一百二十九年之前所犯的錯，兩個例子的同一個錯，把他們之前相當成功的征服歐洲計畫完全搞砸。當然，這錯誤就是試圖入侵俄羅斯。

史上唯一真正成功的大規模入侵俄羅斯（其實是基輔的羅斯公國，因為當時俄羅斯還不存在），是由我們所熟悉的蒙古人辦到，而他們在這方面有相當獨到的手法。波蘭成功了小小一陣子（還占領莫斯科好幾年），可是最後依然被擊退；至於瑞典人要做此嘗試的那次情況十分糟糕，結局是吞了一場敗仗，還有效促成瑞典帝國終結。基本上試都別試，在此我們學到的教訓就是如此。

至於這兩人，拿破崙按照計畫突進的想法要比希特勒略勝一籌。首先，他並沒有拿破崙失敗的前例可作為有用的指引。他也有充足理由，有信心可以取得勝利，因為一直到那個時候，他所帶領的大軍（Grande Armée）都是像哈林籃球隊一樣把敵軍玩弄於股掌間。此外，他對沙皇亞歷山大的不滿還算事出有因，覺得後者在他對英國的經濟制裁扯後腿，而英俄兩國正是他征服全歐洲唯一遇上的兩個主要抵抗。即使是這樣，把貿易制裁當藉口開始對大國抱持敵意，並不怎麼高明。如果拿破崙做錯了一件事，那就是他遂行意志的方式開口閉口都是「那就打吧」。外交和協商談判真的並非他的強項。

既然已經下定決心要進攻某個國家，拿破崙一定以為俄羅斯看似要比英國更好下手，因為至少可從陸路過去。而且，明知俄羅斯的氣候其實只讓他有三個月時間可以入侵，拿破崙就想到了一個策略：他要直攻莫斯科，逼迫俄羅斯人決戰，他當然可以取勝，這都多虧他擁有的大軍動機明確技巧純熟，而不是些靠著貴族頤指氣使的一堆傭兵。

不幸，他的計畫也是聽來容易做來難，完全要依靠對手的行動絲毫不差如己所願。反而，俄羅斯人相當歡迎他們長驅直入。他們一再往後退卻，盡可能避免大規模的戰鬥，在此同時採取焦土策略不讓法國人取得補給，一心只要等到冬天到來幫他們把任務完成。等拿破崙弄清楚俄羅斯人的把戲，已經來不及在寒冬來臨之前抽身，法國被迫讓大受打擊的部隊進行長途的死亡行軍往回撤，之前只覺得法軍無堅不摧，歐洲其他國家突然看出其弱點所在，拿破崙的末日從此展開。

一九四一年，希特勒也是立於相同處境：同樣發現入侵英國的困難點，因為那是個海洋另一頭的島嶼，換個目標，他決定要利用一個夏季的短暫空檔入侵蘇聯。話雖如此，他其實已經和蘇聯簽過了互不侵犯條約，不過另一方面他可是名納粹而蘇聯是共產黨，毫無疑問納粹討厭共產黨。

希特勒還真研究過拿破崙的戰略，他認為自己已經想出一個更聰明的方案，可避免犯下相同錯誤。他沒有把全部兵力全都直接攻向莫斯科，而是分成三股，除了首都之外還進攻列寧格勒和基輔。而且他和拿破崙不一樣，不會一見冬天來就往回撤，他要堅守戰鬥。這兩個決定都造成災難後果。他沒料到雖然戰術可能不一樣，基本規畫（迅速而決定性地打擊，輕鬆贏得大型戰役，認為這一切都會導致對手很快崩潰瓦解）依然是老套。計畫的缺陷也是如此（要靠對方照著你的腳本走，如果他們不知何故沒有照做，也沒有B計畫，依然完全忽視俄羅斯的冬季這個大問題）。

德國最高統帥部（German High Command）裡有很多人應該把這些缺陷指出來給希特勒知道，可是一旦他發現有一絲不同意或懷疑的氣息，就會不讓這些人曉得他的計畫，或乾脆對他們扯謊。這樣的決策過程既傲慢、一廂情願，還是逃避現實的鴕鳥心態。

策略的缺陷和拿破崙的相同，結果也大致相差無幾，不過這次的死亡更加慘烈。德國人占領大片土地也贏得幾場戰役，可是蘇維埃並沒有照著腳本描述崩潰瓦解。他們採用焦土策略，讓德國人深陷其中直到冬季來臨，此時才發現自己帶的衣服不夠，物資補給不夠，或是沒有抗凍劑給坦克車用。希特勒的命令是要留下來並且在嚴寒裡戰鬥而不撤退，並沒能為他帶來更大成功，只不過害死更多士兵。又再一次，一支征服了歐洲大陸大半壁的軍隊，被毫無必要的入侵俄羅斯之戰殘烈削弱，而且戰局開始逆轉。

禍不單行，大約同一時間，德國的日本同伴正忙著發動他們自個兒沒好好想清楚的攻擊行動，毫無必要把一個超級強權拉進戰局，殊不知它本來一直想辦法要置身事外。要不是這兩次悲慘的不當決策，軸心國說不定會贏呢。這就證明，人類偶爾要靠自己超爛的決策技巧自我拯救。隨著美、日在太平洋地區開打，就有個機會證明所謂戰場迷霧（fog of war）不僅是個譬喻，有時還是真的霧呢。這就是基斯卡島發生的案例，這座島偏遠荒蕪，卻是北太平洋上重要的戰略要地，正好位於日本和阿拉斯加之間差不多一半的地方（真的是相當偏遠）。它和另一座島是在一九四二年二次大戰最激烈的時候被日本奪去，這可把美國人嚇壞了，因為這是自從一八一二年與英國作戰以來首度有領土被別人占領。即使說，這塊領土極小又離本土極遠。

一九四三年夏天，三萬四千名美加聯軍準備要奪回基斯卡島。他們才剛歷經重奪附近阿圖島的戰事搞得身心俱疲，這場殘忍血腥的戰役裡，日軍戰到最後堅不投降，行動指揮官心裡也明白，基斯卡島的戰事會一樣激烈。八月十五號登陸的時候，盟軍發現基斯卡島被包圍在一團厚重、冷冽的濃霧裡。極度嚴寒、風雨交加，能見度為零的慘烈狀況下，他們盲目地逐步橫越岩石地帶，想要避開地雷和詭雷，而且不知躲在何處的敵人不時放幾槍，照亮身旁的濃霧。他們花了二十四小時閃躲狙擊火力，費盡力氣向著島中央緩緩爬上坡面，模糊的砲彈爆炸聲、附近交火的點點槍響，還有朦朧的喊叫想要下達命令，或是謠傳日軍已經逼近。

一直要到隔天清點戰損的時候（二十八死，五十傷），他們才恍然大悟：島上沒有敵軍，全部都是自己人。

早在三個星期之前，日本人其實早就棄島而去。美加聯軍根本是對著友軍開火射擊。

若沒有以下情報，這大概可以歸結說是一場不幸但還能懂的錯誤。早在登陸之前好幾星期，他們的航空偵察隊其實已經告訴過行動指揮官，說他們已經沒見到島上有什麼日軍活動，認為日軍大概已經撤離了。但是經過阿圖島一役，指揮官們認為日本人絕對不會撤退，就對偵察報告置若罔聞。確認偏誤失去控制就會這樣。他們如此肯定，甚至拒絕要再多飛幾趟偵察任務確認的提議。這裡頭的教訓大概會是：不要把事情視為當然。

兩年之後的一九四五年四月（距大戰結束只有幾星期），德國潛艇 U-1206 號才剛下水進行處女航九天，巡弋蘇格蘭東北岸外海水域。這是艘先進的艦艇，光滑快速的高科技，最重要的是它配備一間酷炫的新款廁所，可以把人類排泄物投入大海，用不著儲存在化糞池裡。

唯一的缺點是那廁所超乎想像的難用。難用得不得了，以致四月十四日那天，船長被迫要召來工程師，因為他沒法搞懂便後要怎麼沖水，如果你想要維持長官的威嚴，恐怕並不情願會發生這種狀況。不幸，工程師對於沖馬桶也沒有比較在行。嘗試操作的時候，他不知怎樣弄錯閥門——很快導致艙內開始淹起海水和人類排泄物的可怕混合液。

我可不曉得是誰決定「在廁所裝個和沖水按鈕長得很像的閥門，反而可以讓海水灌入我們偉大的納粹潛艇」，不過可以推測他們的想法和在死星裝上排氣口的傢伙想法一致。

潛艇的艙內淹滿刺鼻的糞便與海水混合物已經夠糟了，可是一旦廢水滲透下方甲板滴到潛艇的電池，狀況就更加惡化，設計師居然幫了個大忙把電池室放在廁所正下方。如此導致電池開始噴出大量致命的氯氣，讓屎立特艦長（Captain Schlitt）

別無其他選擇只好浮出水面——一出水立刻遭受英國皇家空軍 RAF 攻擊，逼得他只能登上小艇棄潛艇逃命。這事讓 U-1206 留下不幸的臭名，成為二次大戰期間唯一因為廁所設計失當而沉沒的艦艇。

關於高壓環境下使用者介面設計有多麼重要，和任務成敗攸關的基礎設施必須將各部件實際分離開來，有不少極富價值的教訓值得學習，可是我得要實話實說，把這個例子收進來只是因為真是太好笑了。

要取得軍事勝利，計畫是個明顯的重要關鍵。不過，有的時候會因為計畫太狡猾迂迴而害了自己。如果你曾經和棋藝比你好得多的人對弈，大概就很熟悉那種感覺：你大費周章將對手引入極其巧妙的陷阱，結果才發現他們早就曉得你的每一步，你只是自投羅網罷了。法國將軍納瓦爾（Henri Navarre）在越南就是遇到這種狀況，差別在於他指揮的是人而不是棋子。他和前輩同袍拿破崙一樣，想出一個完美的計畫，只需對手每個步驟都按照他的規畫就會成功。

時為一九五三年，納瓦爾的目標是要對共黨的越盟迎頭痛擊，他們實在是太會反抗法屬印度支那的殖民統治了，這回要讓對方輸得抬不起頭來，使得他們在即將展開的和談桌上沒什麼牌好打。因此，納瓦爾決定要給他們設下一個極度巧妙的圈套。他在一處偏遠地方新蓋了一座大型的法國基地，威脅越盟的補給線，並且試圖誘使對方交戰。位於奠邊府的基地被密林覆蓋的群山圍繞，這送給越方又有掩護又有制高點。法方的增兵距離很遠。對越盟來說，這實在是個難以抗拒的攻擊目標。可是（按照計畫）優越的法方科技可以輕易把他們擊敗：法國擁有空中優勢可將補給空運進來，同時法國的火砲會在戰場上取勝，因為越盟不可能運送重型火砲穿過叢林。非常棒的計畫。納瓦爾要部下設好基地，等待時機。

等待。過了好幾個月，什麼事都沒有。並沒有人來攻擊。越盟在做什麼呢？

結果呢，原來他們正忙著「運送重型火砲穿過叢林」。越方軍隊和當地百姓通力合作，花了好幾個月的時間把武器拆解，累得要命一丁一點帶著穿過濃密森林覆蓋的山地運到奠邊府，然後再組合起來。然後，他們只需等到雨季開始，一旦法國部隊被困在泥裡，而法國的飛機見不著要把補給投在哪兒，再發動攻擊。納瓦爾的部隊呢，一直期待的是帶著過時步槍的農民發動命定是自尋死路的步兵攻擊，卻遭受原本認為不可能存在的先進火砲持續轟炸，大大出乎他們所料。

法國部隊在包圍之下撐了兩個月，終於還是被擊潰。這次敗仗的規模和方式具有決定性作用，讓人抬不起頭來，使得法國政府認輸，在越盟協助之下確保獨立，即後來的北越。在這之後的發展，大家都很熟悉了：越南被分成兩個國家，越盟留在南越的就變成越共，很快就開始暴力起義對抗南越政府。美國決定參戰支持南越盟邦，因為這是冷戰時候的反共大事，而結果山姆大叔打這基本上同樣的一場戰爭，也不比法國高明到哪兒去。接下來的越戰持續了幾乎二十年，差不多有一百五十萬到三百萬人喪命。這一切之所以會發生，有部分可歸咎於納瓦爾想出一個絕頂聰明的圈套。

不過，在軍事失敗年鑑上，最讓人難忘的例子要算是發生在另一處想要打熱冷戰的前線——此例當中一小群人的認知偏誤，導致超級強權被小蝦米羞辱。

豬玀灣之役

美國試圖經由豬玀灣入侵古巴時潰敗，並不僅是個群體迷思發揮作用的典型例證——這個名詞就是由此而來。「群體迷思」一詞是心理學家詹尼斯（Irving Janis）所創，他的根據大多是來自對於甘迺迪政府怎麼會犯下這種錯的研究。

幾乎可以肯定，豬玀灣行動是美國長期試圖推翻位在門邊某個小小島國，一連串可笑失敗當中最令人難堪的事件，雖然平心而論，這還算不上是最怪的事件。最怪的大概要算是CIA買了大量貝類，試圖用裝了詭雷的海貝暗殺卡斯楚。

基本的計畫是這樣的：美國會訓練一批反卡斯楚的古巴流亡人士，在美國空中支援之下由他們發動一次攻擊行動。見到他們一開始輕易擊敗軟弱無力的古巴軍隊，島上的人民就會把這些人當作是解放者歡迎，起而反抗共產黨。再怎麼說，他們已經在瓜地馬拉做過一次了。

甘迺迪擊敗尼克森當選總統，事情就開始亂了套。這計畫是假設尼克森會入主白宮而做的，他是原本的副總統又是此方案的支持者。甘迺迪沒那麼熱衷，而且擔心和蘇聯開戰，因此他堅持要做若干修改：美國支持這項行動的事得要完全保持機密（所以空中支援就沒有了），而且登陸地點要改到遠離大量平民人口的地方，這或多或少壞了「觸發一場人民起義」這個部分。

這時，態勢應該已經很清楚，本來就極度樂觀的行動應該乾脆棄而不用，因為根本一點道理也說不通了。然而，每個人都照班執行，就好像計畫合情合理似的。沒人提出質疑，假設的前提也沒人挑戰。甘迺迪政府裡有個反對此項計畫的顧問——歷史學家史列西恩格（Arthur Schlesinger），他在事後表示，討論此案的會議開起來瀰漫一股「奇怪的假定共識」，即使他覺得這計畫蠢到爆，開會時他居然保持沉默。據他寫道：「我除了提出幾個溫吞的質疑之外沒能做得更多，只能解釋為做個吹哨者指出這種蠢事的衝動，已經被討論時的氛圍化解掉了。」持平而論，我們全都開過像這樣的會。

一九六一年四月真的展開攻擊時，差不多一切可以出錯的環節全都發生錯誤。沒有美國空軍趕走卡斯楚的空軍，就需要讓古巴流亡人士駕駛喬裝為古巴飛機的轟炸機，從尼加拉瓜出發。計畫是要有一架飛機大剌剌降落在邁阿密，而駕駛要對全世界宣告他是來自古巴軍隊的起義之士，決定要由他自己去炸古巴的空軍基地。這個狡詐的詭計撐不了多久，因為人們注意到那架飛機根本就和古巴人所用的不是同款機型。

至於登陸呢，假定是要在黑夜掩護之下偷偷抵達，結果很快就被幾名當地漁夫發現，這些人不但沒有把他們當成解放者歡迎，反而起了警覺心，還用槍射他們。（「我們心想，這就是入侵的傢伙，當心了！他們試圖要入侵。」十五週年紀念日的時候，其中一位漁夫莫雷耶拉〔Gregorio Moreira〕對BBC這麼回憶。）入侵者很快就發現，假設要由此接管全國的那片海灘是寸步難行，等大批古巴軍人趕來對他們射擊的時候又變得更艱難（其實古巴軍隊相當有效率，根本就不是無能的一群）。哦，還有一架來自古巴空軍的飛機也很有效率，顯然它並沒有被無法說服人的假扮轟炸機摧毀。

到這時，海灘上的兵力在空中支援之下還可以多少有點斬獲，可是至此甘迺迪已經因為每個人都看穿「起義的古巴駕駛」而心生不安，拒絕授權。因此，他們留在海灘上被困了好幾天，防守起來越來越沒有希望，而彈藥越來越少。

失敗的入侵過了三天，情勢很明顯，要是沒有突如其來的干預，他們根本沒法從海灘脫困，所以甘迺迪總算改變心意，授權動用空中支援。可是在這節骨眼上，行動進行到此的態勢讓古巴飛行員覺得被擺了一道，拒絕起飛。因此美國放下與此無關的所有假裝，徵調阿拉巴馬州國防軍的成員，駕駛那架假扮的轟炸機，還應該有一批正規，顯然不是扮裝的美國戰鬥機支援，如此一來，應該可以給海灘上的登陸部隊有個反攻機會，不過精采的無能之舉還有最後一塊拼圖，他們忘記轟炸機所在地尼加拉瓜和戰鬥機所在地邁阿密之間有時差，所以兩組飛機根本沒能會合，以致好幾架飛機被擊落。

整件事以美國成為全球笑柄告終，卡斯楚比之前更牢牢掌握大權，超過一千名入侵軍被擒，幾年之後美國要付一筆超過五千萬美元的贖金把人贖回來。

好的方面呢，甘迺迪從決策失敗學到東西——有可能讓他在隔年發生古巴飛彈危機時頭腦比較冷靜的一方獲勝，說不定因而拯救世上每個人。十分感謝，由於這事件的衝擊，美國不再讓自己落入這種情境，不再讓領導者被群體迷思推著眾人，根據過時情報沒有清楚計畫也沒有脫逃方案，就進行未經深思熟慮的入侵行動。

史上六大最無厘頭的戰爭

✪ 水桶戰爭

一三二五年發生在義大利的摩德納（Modena）與波隆那（Bologna）兩個城邦之間的這場戰爭，據估計死了兩千人，起因是有幾位摩德納士兵從波隆那的井裡偷了個水桶。摩德納戰勝，馬上又偷了另一個水桶。

✪ 盎格魯—尚吉巴戰爭

史上最短的戰爭，持續了四分之三個小時。一位不被英國承認的尚吉巴蘇丹登基，還在王宮外架起拒馬防備，英國部隊對此射擊了總共三十八分鐘，他就溜之大吉。

✪ 足球戰爭

一九六九年，薩爾瓦多和宏都拉斯之間長久以來醞釀的緊張關係，爆發成一場真正的戰爭——主要是由於兩國在世界盃四強賽裡一連串暴力對峙所點燃（薩爾瓦多贏了足球賽，戰爭結果則是平手）。

✪ 詹金斯的耳朵戰爭

英國與西班牙之間的這場戰爭持續了超過十年，奪去上萬人性命，全都是因為一七三一年有幾名西班牙海盜割掉一位海軍艦長的耳朵。戰爭尚未結束，已經擴大成了奧地利王位繼承戰爭，幾乎歐洲每個大國都參與其中。

✪ 夜壺叛變

羅伯特二世（Robert Curthose）是征服者威廉的長子，他起而反叛自己的父親，是因為兩個弟弟把裝得滿滿的夜壺倒在他頭上，卻沒有得到足夠處罰。

✪ 金椅戰爭

大英帝國和西非阿尚提族（Ashanti）會發生戰爭，是因為英國總督不滿給他坐的是普通椅子，要求去坐金椅——那是個神聖的王位，誰也不許坐。後來英國打勝，但總督也沒法坐到金椅。

7

超歡樂殖民派對

人類突出的特性，有一項就是無法抗拒地要去探索，一直想去搜尋地平線的另一端。因此，在演化史上短短一個眨眼的瞬間，人類和其近親就已經散布世界各地，繞著地球走過好幾圈。而且，就是這個驅動力量形塑了現代世界——幾千年的遷徙、貿易、殖民和戰爭，得到如此無趣、混亂又時常極度不公平的成果。

正是這股無法抗拒的衝動，驅使哥倫布在一四九二年揚帆駛入大西洋無垠、空虛的湛藍海水，結果幾個月之後像個呆子似地一頭撞上大片礁岩。

一四九二年差不多就是所謂「大發現時代」揭開序幕的時候，然而，除非你並不是本來就住在被發現地區的人，才真正算是有所「發現」。蒙古帝國橫跨歐亞大陸之際（之後會詳加討論），歐洲和亞洲之間原本平順方便的陸路貿易通道如今已經被封，這都要感謝黑死病和鄂圖曼帝國興起兩件事的綜合影響。因此，歐洲有了新技術、知識，又渴望致富而情緒高漲，就轉而把眼光望向海洋。而且，為了在亞洲、非洲以及新發現的美洲從事貿易的這股驅力，很快就會轉變成占領與征服的軍事行動。

差不多每個人都曉得哥倫布是無意之間發現（哦，應該是「發現」）美洲，當時他是要尋找一條不須繞過非洲南端好望角而能通往印度的捷徑，誤打誤撞跑到加勒比海。不過，他究竟錯在哪，還是有很多誤解。

有個常見的說法，認為他基本上是對的，因為對自己堅持地球是圓的這個異端理論胸有成竹；而在此同時，家鄉那些好騙的呆瓜以為他航向世界的盡頭包準死定了。很遺憾我得這麼說，這全是一派胡言。事實上，當時歐洲每一位受過教育的人士（以及大多數沒受過教育的人士）都很清楚知道世界是個球體，而且他們早就明白這個道理。哥倫布出發之前兩百年這就已經是普通常識了，神學家阿奎那（Thomas Aquinas）在著作裡順口就把這拿來舉例，當作是大家都接受認為是真理的觀念。如今還有一批頑固的少數人依然質疑「球體世界論」提出的官方說法，地球平面論在此時此刻受歡迎的程度就和十五世紀那時差不多。二〇一九年，一群堅信地球平面論的人計畫要安排一次平面地球世界遊輪之旅，這真是個大好機會讓他們可以驗證自己的理論。實在是太棒了。

所以說，問題並不在於地球是圓是平的爭論。關於哥倫布的冒險之旅，質疑者是出自完全不同的來源。哥倫布的問題在於他把測量單位完全搞混了，所以算出來的結果就大錯特錯。

哥倫布這趟行程的整個計畫，是依據他個人對兩個數據的計算：地球有多大，還有亞洲有多大。兩個數據他都差得十萬八千里遠。首先，他判定亞洲要比實際要長得多（本來就相當長了），這麼一來，順風一帶就可以來到日本，而其實還在日本實際位置東邊好幾千公里遠的地方。更糟糕的則是，他計算地球圓周時是依據九世紀波斯天文學家阿爾－法甘尼（Ahmad ibn Muhammad ibn Kathir al-Farghani）的著作。這起頭並不怎麼理想，因為自從希臘數學家埃拉托斯特尼（Eratosthenes of Cyrene）早在一千七百年前大致得出一個數字以來，還有許多更精確得多的估計值。但那還不是哥倫布最大的錯誤。

他最大的錯誤是假設阿爾－法甘尼所說的「哩」顯然是在講羅馬人的哩，也就是大約四千八百五十呎。阿爾－法甘尼講的才不是那個呢。他講的是阿拉伯人用的哩，大概是介於六千五百至七千呎之間。因此，如果阿爾－法甘尼說某個東西的距離是多少多少哩，他的意思其實要比哥倫布所理解的要更遠。

電影《搖滾萬萬歲》（*This Is Spinal Tap*）的影迷們一定很熟悉哥倫布出的錯在哪。他把某個度量單位和另一個完全不同的度量單位搞混了，所以得出一個小得不像話的模型。哥倫布以為這個世界的大小，只達實際的四分之一。再加上他把日本移位好幾千哩，結果就是他裝載上船的補給品是為了一趟短得多的航程所準備，遠遠不及他即將面臨的實際情況。許多同時期的人都在想「老哥，你把地球的大小算錯了啦」，可是他依然相信自己的計算結果。總體來說，他一頭栽向加勒比海其實是相當幸運。（沒人認真想過，亞洲的那個錯誤位置上有可能存在一個完全多出來的大陸塊。）

在此還得補充一句，他錯誤地假設阿爾－法甘尼所謂的哩究竟是哪種單位，反映出哥倫布本人的歐洲中心論思想。然而老實講，只因他的思想太過歐洲中心，還算不上是哥倫布做過最糟糕的事情。

我們不禁想要猜測，如果哥倫布的算術好些，也就從來不曾出發航海，世界歷史會因此有什麼不一樣。答案是：大概差不了太多，除了或許現在講葡萄牙語的人可能會比較多。當時，葡萄牙人是歐洲最好的水手、最好的領航員（哥倫布的探險之旅是由西班牙資助，只是由於葡萄牙一開始拒絕了，因為他們很明白哥倫布把數字算錯了），會在接下來幾年間登陸美洲各個不同的地方。一千五百年，卡布拉爾（Pedro Álvares Cabral）航抵巴西。一年之後，哥多－利亞家的幾個兄弟（Corte-Real brothers）分別來到拉布拉多以及紐芬蘭，他們馬上把五十七名原住民綁架回來，當奴隸賣掉，這正預告了接下來即將發生的事情。

事實上，如果有誰（應該說是每個人）都能夠克制天生的衝動，不要把初次見面的人殺掉或是綁架，舊世界和新世界交往的歷史就會截然不同。早在哥倫布之前整整五百年，維京人是在美洲設置聚落的第一批歐洲人，萊夫・艾瑞克森（Leif Eriksson）從維京人在格陵蘭上頭的殖民地出發，來到他們命名為文蘭（Vinland）的地方（「文蘭」大概是當今的紐芬蘭）。和荒蕪且極端無趣的格陵蘭比起來，文蘭的森林和水果對維京人來說一定是個大消息，而且他們還真的建立了一個殖民地，經營了好多年。不幸，他們和文蘭當地人（大概是圖勒人〔Thule〕，或是維京人所說的史克拉林格人〔Skraelings〕）進行貿易的期望，多少因為雙方首次彼此相遇時發生的事情而隨之破滅。

這是有史以來歐洲人與美洲人的第一次相遇，情況大概是這樣的：維京人發現十位原住民一起睡在翻倒過來的獨木舟底下，就把他們殺了。

真是爛透了，各位。

毫不意外，發生這種事情之後，當地人並不怎麼熱衷和維京人進行貿易，而且兩群人之間的小衝突一直不斷——包括有一次戰役當中，手持長劍的可怕維京人幾乎敗給「一端綁著一個大突出物的棍子」（可能是充氣的動物膀胱），「從人們頭頂上呼嘯飛過，落下來的時候發出驚人聲響」。維京人對這新奇的氣球怕得要命，要不是萊夫的姐妹弗蕾迪絲・埃里克斯多蒂爾（Freydis Eriksdottir）露出胸部反過來把那些史克拉林格人嚇傻了，他們就會輸掉這次戰爭。

由於這次還有其他幾回比較沒那麼離奇的戰役，文蘭殖民地一直無法真的發達起來。過了一、二十年，格陵蘭的維京人放棄此地。此外，格陵蘭的殖民地本身（這地方最初會出現，也是因為紅髮艾瑞克濫殺人民被放逐至此才有的）也逐漸凋零，接下來幾個世紀逐漸結束，因為北歐祖國的其他維京人大多不再注意這些地區。

如果文蘭的經驗有一點不同，最好是少殺些人，那麼歷史應該真的會走一條不一樣的道路。美洲與歐洲之間有了一條現成的貿易道路，以及因此所致的知識與技術交流，可能會促成兩大群人之間逐步交往認識。這也表示，造成十六世紀歐洲人如此單向四處殖民的技術與軍事差距，就會比較沒那麼天差地遠。（這或許也能夠讓美洲人有更多時間慢慢發展出對舊世界傳染病的抵抗力，而不是全都一股腦整批襲擊而來。）

同樣，如果十四世紀馬利帝國的統治者阿布巴卡爾二世（Abubakari II）出海探險能夠成功返航的話，事情也可能會大有不同。他身為當時全世界最大最富庶帝國的皇帝，統治著大部分的西非地帶，放棄王位、權力和財富，為的是要滿足自己的好奇心，探尋在海的那一端是不是還有個「岸」。一三一二年他從現在的甘比亞揚帆出發，據說是率領了一支兩千艘船隻的艦隊——全都沒有返航。有些馬利的歷史學家認為，其實他可能已經航行到巴西的海岸邊，可是就算他沒法成功返航，我們還是應該承認這真是探險事業的重大一筆。

或者，也許從來就不會有什麼差別，人類就是這麼一回事。如果你把視野拉得夠寬廣，人類的歷史大多是帝國興衰，彼此殺得屁滾尿流。像是農業、領導人和戰爭——每一項都有助於擺脫帝國時期——並不會因為他們是人類最佳的長期規畫而必然得勝，而是因為一旦有誰決定採納實施，幾乎其他每個人都得加進來，要不然就會被時代的巨輪輾過。就像是以前西部的一場酒吧鬥毆事件，只不過當騷亂結束的時候，已經有一大堆人倒地不起。

一四九二年哥倫布帶著聖塔瑪麗亞號意外撞沉在伊斯帕尼奧拉島（Hispaniola）海岸的時候，島上住的泰諾族（Taíno）人數有好幾十萬。過了二十多年之後，西班牙人引進採礦、奴隸制和疾病以後，僅有三萬兩千人存活下來。哥倫布的數學不好，但那絕對不是他最糟的錯誤。

歷史學家的工作並不必然要對過去進行道德批判，他們是要設法發掘、描述並且置入背景脈絡中考量；是要理解並且解釋很久以前的人是怎麼過生活，並且要追蹤權力與衝突交織的網絡如何生成現今我們生活在其中的這個世界。不須評論這些東西是好是壞，你都可以辦得到。真的，以其讓人頭疼的複雜度，對過往歷史凡事批判並不是件簡單的工作。

幸好，對過往歷史凡事批判正是本書的工作，所以不妨簡短釐清幾點：殖民主義不好。真的是糟糕透了。

究竟有多不好？這麼說好了，跟據估計，光是在二十世紀，歐洲人的殖民就造成五千萬人死亡，直追希特勒、史達林和毛澤東的罪行——而且這還是在殖民帝國正在崩潰的這個世紀呢。美洲被殖民的幾百年內，相當保守的估計是認為全美洲九〇%的人口都死於疾病、暴力和強迫勞動的綜合結果——還是一樣，這數字多達好幾千萬。我們沒法更為精確，那是因為我們很難算出之前究竟有多少人活著；我們根本不曉得自己失去了什麼。

當然，即使這般含糊不清，光是死亡數字並沒有呈現出全貌。非洲的奴隸貿易，集中營的發明、日本帝國的慰安婦、西班牙在美洲實施的「委託監護制」（征服者個人得到原住民奴工作為獎賞，就像是創業員工獲得以人為計算單位的股票選擇權）——慘事的清單還長著呢，而且殘忍程度幾乎令人無法忍受。而且你還可以加上：被抹除的無數文化、被破壞的歷史，還有大量非法轉移財富從世界這端搬到世界另一端，依據你是出生在世界的哪個地方而能享受到相對的繁華舒適，還是看得出跡證。

就像我之前所說，糟糕透了。很抱歉，本書這一小段不是很有趣。

這一切或許應該是不需要多說的，不過我們目前正處於相當強烈的「殖民其實是好事」反彈期，不得不特別提出來強調。簡而言之，那說法是認為殖民對於被殖民者及其後代的好處，要比之前犯下令人遺憾的錯事還更加重要；經濟的現代化，基礎設施的建設，科學以及醫療知識的傳授，依法行政概念的引進。可是不論你怎麼幫它搽脂抹粉，還是能夠總結為如下的心態：被殖民的民族是在本質上不文明，沒辦法自我管理，先天體質無法進步，而且不夠先進難以適切運用他們的天然資源，這些笨瓜只能坐擁黃金，不曉得可以拿來幹嘛。

首先，這種講法依據的是前殖民社會狀況的迷思，而非基於現實狀況，而且還將少數國家歷史性暫時且極偶然的軍事技術優勢，誇大為某種「該由誰來管事」的不變道德法則。此外，這種講法依恃的是沒明白說出口的假設，認為若非殖民主義，過去五百年世界其他地方就只會一直維持靜態不動，或是認為（除了派軍隊闖入某國宣稱這是你的地盤）看不出人們可以跨越國界交流科學或技術知識。要不是些慷慨大方的殖民化過程，他們還一直停滯不前，困守一六〇〇年代某個時間點呢。那似乎不可能，尤其是我們了解到一開始讓歐洲技術進展突飛猛進的正是跨民族的思想交流，然而以上兩種假設都沒法得到證實，因為不論是被殖民者或殖民者的數目都不足以讓我們檢證。有個泰國，幾乎只有它逃過被殖民的命運？我剛去Google了一下，結果發現那兒還有電力設施呢，就以一個數量為一的樣本來說，我很懷疑以上論述純屬鬼扯。

最重要的在於，這根本是牛頭不對馬嘴，因為一般來說人類分辨是非善惡的時候，本來就不會等過了好幾百年之後，再回過頭來針對你的行為做個回溯式的成本效益分析，看來更像是事後試圖合理化你本來就想要相信的東西。因此，關於殖民主義的討論很容易變成兩人彼此抬槓：一邊說「你看看帶來了火車！」，另一邊則說「沒錯，可是發生了阿姆利則慘案」，不停反覆，直到大家全都覺得十分厭世。

（我得公開表明，道德上來說火車絕對無法勝過人命，這還是以鐵道迷的角度來說這句話的。）

當然，這並不表示殖民主義要為世上每一件惡事負責，沒這回事；或是說，在殖民者來之前，他們想要殖民的社會全都是一片祥和的極樂之鄉，每個人都和自然和諧共處，沒這回事。現在我只祈盼，書中的證據能夠讓大家看清楚世界史裡盡是些愚蠢糟糕的例證。這只表示，人類這個物種應該試著根據之前發生過的事來想想自己的過往，而不是迷迷糊糊懷舊式地渴望能有淨化過的故事描述帝國的光榮事蹟。

舉個例來說：殖民主義帶來進步的治理，並在被殖民國家內依法行政的想法，和殖民強權與原住民族之間簽訂諸多條約的歷史事實並不相符——這段歷史根本沒有高喊「敬請依法行政」。譬如說，美洲原住民族和英國以及接下來的美國政府簽訂了各種條約，聽到這種說法保證讓人大吃一驚，他們簽了一堆條約，結果只換來每個條約都被撕毀，而屬於他們的土地被奪走。簽了懷唐伊條約（Treaty of Waitangi）的毛利人聽到也會大吃一驚，由於英文與毛利文之間互譯的一連串失誤，導致究竟簽了什麼內容出現模稜兩可的解釋，各取方便。住在非洲南部英國殖民地卡菲爾（Kaffraria）的科薩族人（Xhosa）聽到也要大吃一驚（是的沒錯，他們原封不動依照對黑種人的蔑稱來為這塊土地命名），一八四七年他們被迫眼睜睜看著新任總督史密斯爵士（Sir Henry Smith）一邊大笑，一邊象徵性地當大家的面撕毀和約，然後強迫原住民的領導人一個一個上前親吻他穿的鞋。

這些並不是象徵式的做法，他真的說撕就動手撕了。值得注意的是，英國的歷史通常把史密斯爵士記載成一位勇猛、英雄式的人物，還因為一部通俗羅曼史小說描述了（讓我查查筆記）他與一名十四歲少女童話般的婚姻而永恆不朽。

這一切又把我們拉回到本書的主題：我們具有深層且一致的能力，對於自己的實際作為，有辦法用故事和錯覺自我欺騙。維持一個帝國，需要主動且持續努力，虛構現況並且記錯過去。這種不一致是打從一開始就存在的：因此，哥倫布的著作顯示出當他心裡盤算是否有可能征服並奴役泰諾人的時候，堅定相信自己是在為主辦事，要傳播天主教信仰。也因為這樣，帝國時代末期要離開非洲的時候，英國系統化摧毀上萬筆他們自己的殖民紀錄，真的是整批大量用火燒掉還丟進海裡，想要努力抹去歷史並創造出一種集體失憶。（在烏干達，還用了一個分毫不差的名稱，叫「繼承行動」。）

可能是殖民時代最恐怖的單一行動裡，更能看清其深沉、黑暗的反諷之處——

比利時的國王李奧波二世（Leopold II）買下一百萬平方哩的剛果盆地當作私人資產，把那地方弄成慘絕人寰只求利潤的奴工地獄，二十年間造成大約一千萬人死亡。諷刺的地方在於：這一切都是假借慈善的名義所做。那片土地是在一八八五年授予由李奧波設立的一個慈善機構，名叫「國際非洲協會」（International African Association），這是柏林會議時發生的事——歐洲各國在這次會議中劃定勢力範圍，促成「瓜分非洲」的行為，把這塊大陸的殖民活動推向極致。「國際非洲協會」本應是個博愛的人道團體，是要將「文明」帶給剛果人民。結果，它的實際作為是把全境變成廣大的橡膠園，人們因為無法達成生產目標而被處罰致死，或將手、腳砍下或把鼻子割掉。由於比利時人想要確保軍隊並沒有把昂貴的子彈浪費在不必要的活動（除了殺人之外的事情），就要求士兵上繳一定數目砍下的手，以資證明他們已經殺了多少人。一顆子彈，一隻手。因此，整簍砍下的人手就成了當地的某種貨幣，你可以砍死人的，也可以砍活人。

自然而然，李奧波稱呼他這地方叫「剛果自由邦」。

就是這樣。殖民主義不好。

本書談的是失敗，但殖民主義是徹頭徹尾的壞事，其實不算是失敗。如果有人不在乎道德只看收益數字，還算得上是轟轟烈烈的成功，而且成功背後有很多人過著如同帝王般的日子（尤其是那些本來就是一國之君的人）。

從大處來看，沒錯，靠著竊取世界其他地方的東西，殖民強權成功變得非常富有，卻沒看到為了殖民領地你爭我奪是多麼無能。關於英勇探險家的所有這些自吹自擂，再加上唾手可得的財富吸引誘惑，就表示一大堆投身於帝國大計的人們（恕我直言）是完完全全的大混蛋。

「大發現時代」充斥著更為誇大明顯的「達克效應」（Dunning-Kruger effect），似乎無窮盡一個接一個極度不合格、沒經驗且往往頭腦不正常的傢伙，得到機會率領探險任務，或有一塊殖民地讓他治理，依據的只不過是這些人自信非凡而且看似足以勝任這份差事。

舉例來說，約翰．萊德亞（John Ledyard）受英國委派，要去尋找萬方競逐的尼羅河源頭，不管他唯一的非洲經驗只是在航海旅程途中短暫停留過非洲最南端一角。他出生在康乃狄克，當時仍為英國的殖民地，多虧他寫了一本暢銷作品談到多次隨庫克船長出海的經驗，因此被認為是一位偉大的探險家。然而，他個人單獨的冒險旅程，倒是留下一些值得注意的東西。

毫無疑問，萊德亞有本事和重要人物交朋友，還可以說服這些人先幫他代墊款項。他第一次的創業是提案開設一間毛皮貿易公司，卻一直沒法實現。但是當他在巴黎尋求合夥人的時候，獲得多位名流贊助——包括傑佛遜、拉法葉公爵，還有好幾位沒能加入漢彌爾頓陣營的其他人——進行一次全然不同的探險之旅。這是個大膽的提案，要橫跨俄國一路走到白令海峽，然後渡海來到阿拉斯加，再往南探索整條美洲大陸西海岸。想出這個點子的是傑佛遜，據他描述萊德亞是個「天才人物……而且具有無畏的勇氣和進取精神」。

往聖彼得堡的路上萊德亞把鞋都掉了，不過借了些錢設法抵達伊爾庫茨克（Irkutsk）這麼遠，卻在這兒被當作是間諜被捕，探險之旅也就此告終。

一七八八年，身無分文的萊德亞總算返回倫敦，獲得機會率領探險隊深入當時人們以為的「黑暗非洲」。即使他不會講阿拉伯文，之前的探險紀錄又是坑坑疤疤，非洲協會的祕書立刻被他說動。這位祕書，博弗依（Beaufoy）先生，回想第一次和萊德亞會面的情況，幾乎喘不過氣來：「被這人的男子氣概震撼，他厚實的胸肌，他毫無保留的表情，還有……當我問他何時啟程時那悸動的眼神。」他的回答是「明天一早」。單單一個晚上就要準備好深入你只從海上見過的大陸深處未經踏查的地域，似乎短得讓人心生懷疑，但你大概不像萊德亞那樣雄糾糾氣昂昂，擁有如此厚實的胸膛。

結果，萊德亞最遠只到開羅，他在那裡染上疾病，「大發脾氣」還試圖自己開藥來吃，吞了些硫酸。絲毫不出所料，這就讓他因而喪命。他死於一七八九年一月，他這趟非洲冒險唯一值得注意的，就是對於商隊所走的路線有些相當實用的描述，還有幾封寫給傑佛遜的信件，信裡他寫到埃及人很笨，還咒罵尼羅河說它並沒有康乃狄克河那麼美。

還有一位伯克（Robert O'Hara Burke），這位相貌堂堂、留著鬍子的愛爾蘭警察，脾氣暴躁又沒有方向感，一八六〇年出發要順著一條從墨爾本到北方海岸的路，探查澳洲中央地帶。離開墨爾本，他們一夥人的鄉間之旅進展得十分緩慢，主要是由於帶著二十噸的必要裝備行進，包括像是一組大型香柏桌面橡木桌椅、一個大鑼，還有十二把頭皮屑的刷子。

多虧伯克的脾氣很差，而且完全缺乏探險經驗，探險隊成員的替換率極高，很多隊員不是被開除就是自己離開。無比緩慢的進展總算說服伯克丟棄一些用品，這時他選擇要丟掉絕大部分的槍枝和彈藥，以及有助於預防壞血病的萊姆存貨。好不容易走了差不多兩千哩之後，總算把絕大多數隊員趕走，而只剩下另三名男子和幾匹駱駝跟著，半死不死的伯克來到距北部海岸不到十二哩的地方，結果他卻因為一片紅樹林沼澤擋住去路而轉身打道回府。回程路上，幾位偶然路過的原住民還供應這位憔悴男士食物和協助，他卻開槍作為回應，結果過沒多久就死了。

即使某些技術上獲得成功的殖民探險家，其實真的很不靈光。比如勒內－羅貝爾・卡弗利耶（René-Robert Cavelier），這位法國人最後得以主張大部分的美洲灣區海岸是法國領地，還為之後會成為路易斯安那州的地方命名。一位法國軍官形容他「比我認識的其他人更加能幹」，最初的探險旅程是由於他相信自己可以找到一條穿過俄亥俄州通往中國的路。他也是個自負的王八蛋，有本事讓大部分一起旅行的人都被煩死，這般個性對一位探險家來說真是太不幸了。一六八七年他最後一趟探險是要入侵墨西哥，並且單單用兩百名法國人組成的軍隊，就想把它從西班牙手中奪走。整趟旅程都吵個沒完，又損失好幾艘船，接著錯過計畫的登陸點五百哩，之後卡弗利耶終於在德克薩斯某處被自己人謀害身亡。

不過，或許一個從來不曾存在過的殖民地，最能展現出殖民時代的自我欺騙、傲慢自大——有一個國家試圖成為國際政治要角，結果反而賠了夫人又折兵。這就是蘇格蘭帝國的不幸故事。

把蘇格蘭賣掉的男人

就和許多被歸類為歷史「輸家」的人一樣，威廉·帕特森（William Paterson）有個遠大的夢想。

他不僅有夢想，還有技巧不屈不撓地說服別人也加入他的陣容。帕特森的職業是銀行家、金融家，但他骨子裡其實是個推銷員。他似乎將精算師的嚴格、詩人的靈魂，以及傳教士的熱烈堅信全都結合起來，讓人難以抗拒。帕特森非比尋常的夢想，結果導致上千人死亡，而且祖國蘇格蘭財政崩潰，這不僅是他個人的奇恥大辱，更糟糕的是還落入南邊那個鄰國的擺布。事實上，若不是帕特森災難性的計畫，我們所知的聯合王國恐怕還不存在呢。

這個故事談的是一個國家單憑著堅守意識型態人士的宣傳，就投入宏偉但虛幻的強烈期待，不聽專家警告，即使現實世界明白向你表示八成弄錯了，還頑固地拒絕承認事實不願改弦更張。（這故事也是在講英格蘭真是混蛋，不過這事用不著特別說吧。）

帕特森的遠大夢想，不過就是蘇格蘭帝國應能成為全球貿易的樞紐。而且帕特森確切知道帝國的第一個海外據點應該要設在哪兒：就在大西洋另一端的一片青翠天堂，正巧位在整個美洲的關鍵支點上，那地方叫做達里昂。

一六九八至一六九九年間，約有三千名殖民者揚帆離開蘇格蘭，背後支持的是民族主義情操的一股風潮，以及多達半數的全國財富，滿懷希望要找到帕特森口中的天堂，為帝國提供金援。那世紀還沒過完，他們就發現那兒根本就不是什麼天堂，大多數人都死了，而且國家的財富也就像被扔進大西洋裡沒有兩樣。

如今，對帕特森講句公道話，他的遠見並非全都是悲慘的災難。事實上，另一些遠見還持續到今天——一六九一年他首先提倡，而且在一六九四年共同創辦了英格蘭銀行。（如果你覺得奇怪的話：英格蘭銀行由一位蘇格蘭人創立之後一年，有位英格蘭人創立了蘇格蘭銀行。）很多方面，帕特森要比大多數人更早看出全球化貿易的概括樣貌，將會形塑我們今日所處的這個世界。但是他既樂觀（他寫道：「貿易可以促進貿易，而且錢可以生錢，無窮無盡直到世界末日」），卻又無比固執。

他的態度讓英格蘭銀行的主管同僚們氣急敗壞，逼他在銀行設立不到一年內就辭職退出董事會。

因此，帕特森又回去經營多年來一直縈繞心頭的一個想法：在達里昂設立一個貿易殖民地，即巴拿馬地峽的東海岸，這處峽長的帶狀陸地正是美洲大陸最窄之處。著名的運河建成之前好幾個世紀，大家早就明白巴拿馬這個位置可讓大西洋與太平洋之間來回通行更加便利。實際上，這並非易事，因為要穿越那塊地方十分困難──不過，依然要比經由美洲最南端，繞過合恩角或行經麥哲倫海峽的艱辛航程更快更安全。帕特森用一種浮誇的語調如此寫道：只要連接兩大洋，達里昂就會成為「通往海洋的大門，開啟宇宙的鑰匙」。

這時正值歐洲瘋狂殖民擴張的初期高峰，蘇格蘭想要實際參與行動。到了一六九〇年代，西班牙和葡萄牙已經用它們從美洲殖民地搜刮而來的資源賺得巨量財富長達兩個世紀之久；至於比較近的例子，英格蘭和荷蘭也加入殖民行列取得極大成就。爭著要做全球帝國的歐洲人，如今已占領亞洲、非洲和美洲，因為「帶著槍去，把東西全都搶來」的策略依然可以帶來數不清的財富，並無緩和跡象。

帝國時代也是金融革命的時代：因此，許多殖民主義的最前端並不只是由國家直接行動，還是由國家支持，公開交易的「合股」公司執行，重商主義的事業和地緣政治已經很難清楚區分。這些公司就包括幾間惡名昭彰的龐大企業體，像是英格蘭的東印度公司和荷蘭的東印度公司，帕特森的達里昂投機事業正是想要大大摹仿這樣的模式。這些公司在全球各地都有據點，有錢得不得了，而且擁有的權力甚至凌駕不少國家之上。確實，這些公司本身的行事作為往往就像是國家，而且對自己國內的政府也施加難以置信的影響力。（也就和現在很不一樣。）

此外，一六九〇年代對蘇格蘭來說，也是個不確定、充滿疑問的時期。自從忙著獵巫的詹姆斯六世於一六〇三年南下，將蘇格蘭、英格蘭以及愛爾蘭的王位合而為一，蘇格蘭人一直感到坐立難安。是沒錯，他們是這個聯合王國的一個部分，卻還是個政治上獨立的國家：他們擁有自己的國會，通過自己的法律，還留著自己的貨幣。不論如何，蘇格蘭社會某些階層內的疑懼越來越多，認為他們在整個安排裡沒拿到多少好處。他們覺得（有些確有其事），王位合一只是為了英格蘭利益著想的勉強之舉；蘇格蘭永遠是那個窮表哥，而從倫敦傳來的那些命令總是偏袒英格蘭首都，損害愛丁堡的利益。

還有些人積極推動要和英格蘭更緊密聯合起來，更增加這些情緒。而且，如此高漲的氣氛更被一六九〇年代發生的金融騷亂而被進一步煽動——英格蘭的貨幣危機、國王想要支付對外戰爭的開銷，還有「七個荒年」的不景氣、蘇格蘭糧食歉收並爆發饑荒，處處有人挨餓，許多人一貧如洗。這場經濟危機不但沒有讓蘇格蘭害怕冒險，反而為那些承諾要改變現狀的人提供沃土。因此，帕特森一提出達里昂計畫，就緊密搭上愛國主義的激情，成為蘇格蘭重申獨立的一個辦法，脫離聯合王國的牽絆，掌握自己的未來。帕特森並不真正把他的計畫當作是民族大義來看——事實上，在他回過頭來找祖國人民之前，還一直試圖要說服其他國家的支持。而且，就算是一六九五年已經成為蘇格蘭的事業之時（成了「蘇格蘭對非、印貿易公司」，由蘇格蘭國會通過法案，給予大幅減免以及慷慨得可笑的優惠加以支持），他依然在倫敦展開籌募資金的工作。事情就是從這開始走偏的——而且創立公司的人也首次開始對警告的信號視而不見。

一開始的時候，並沒有遇到什麼困難；事實上還十分順利。後來才曉得，太過順利了。帕特森在倫敦的名聲很好又具有推銷員的能力，再加上對於放眼全球的合股公司有種難以抗拒的狂熱，就表示這間蘇格蘭公司不難找到贊助者。事實上，他們吸收到的投資保證金總數高達……三十萬銀元——這可是個龐大的數目。不幸，他們的方案吸引各方興趣，不可能不引來東印度公司注意。

講得好聽，東印度公司對於可能有競爭對手出現並不慌張。他們跟倫敦商業界其他多數人都一樣，都被那年代的金融問題嚇得要死，而且當年還提列重大損失。在這時間點，蘇格蘭公司還沒有決定要把巴拿馬當作是目標，而且（想要保持絕對機密卻完全無用）甚至連要去美洲探險的想法都尚未公開提及。就像是公司全名給人的印象那樣，他們反而是把整個計畫當作是會以非洲或東印度群島為目標來加以販售。東印度公司的反應可想而知，大概的意思就是「你××的這輩子想都別想」。

因此，錢與權都和英格蘭皇家大計綁在一塊難分難解的這間公司，就動用它的影響力。蘇格蘭公司的第一堂全球貿易殘酷現實政治就是如此：只因為你說「我們要從事大量國際貿易」，而且還要照你的願望、隨著你的意思來做貿易，並不表示世上其他人都只能說好。

英格蘭國會對於蘇格蘭通過的法條極為憤慨，法案承諾這公司的自由貿易白日夢，反而壞了大計：二十一年完全減免關稅和進口稅。英格蘭的國會議員想要知道，這對於英格蘭與蘇格蘭之間的關稅和貿易關係有何影響，蘇格蘭國會又怎麼會允許通過這法案？兩國之間沒有硬邊界，他們警告「商品不可避免地會被蘇格蘭人走私帶進英格蘭……大大損及國王陛下的關稅利益」。

英格蘭國會提出質詢要求提出報告，還威脅任何人和這公司有關係就會被彈劾。國王威廉和英格蘭站在同一陣線（這倒不出意料），公開表明皇室對此也不支持。在這個時候，來自倫敦所有答應要做的投資，全都神祕地消失得無影無蹤。

公司想要在海外募資的時候，例如像是阿姆斯特丹還有漢堡等幾個貿易之都，結果也是一樣。荷蘭東印度公司對如此事態也不比英格蘭同業高興到哪裡，他們設法——再加上有位狡猾的英格蘭外交官進行一場最高等級的耳語攻勢，反對這家投機事業——確保帕特森和同事舉辦好多次咖啡會議推銷他們的計畫，卻都很少人真正投入資金。

不過，如果英格蘭的國家力量要擊垮蘇格蘭大夢的努力在阻斷外國資金方面十分有效，在蘇格蘭國內卻造成恰好相反的效果。受到不公平對待的感覺得到證實，蘇格蘭人民的怒火更盛，大力擁抱這家公司，不僅看作是一個投資機會，更視為國家認同的表現。帕特森或許並沒有要把達里昂方案弄成搖旗助威的行動，真的只是關心要將自己的貿易理論付諸實行，但身為一名推銷員，他曉得何時應該利用輿論順勢而為，也就很樂意把他的經濟實驗搭上風起雲湧的愛國主義熱情和民族主義怨氣。

一六九六年二月二十六日，公司在愛丁堡開始接受登記，引來大批群眾，這狀況對 Accountancy: Live! 來說並不是正常現象。蘇格蘭人根本就是拿錢往這方案倒。蘇格蘭在當時並不是非常有錢的國家，不過即使是在七個荒年期間，也算不上有多窮。就像歐洲其他地方，都有個正在成長茁壯的中產階級，而且他們正是此方案最為熱衷的支持者——和像是東印度公司之類其他的合股公司不同，後者的投資人多半僅限於貴族與富商。歷史學者暨作家瓦特（Douglas Watt）為寫《蘇格蘭的代價》（*The Price of Scotland*）一書，檢視了該公司的紀錄，依據他的說法，小地主是除貴族之外最大群的支持者。但事情還不僅止於此。蘇格蘭社會幾乎各個層面都有人把錢投入這家公司——上自有頭有臉的人物，下至律師、醫生、牧師、教師、裁縫、士兵、鐘錶匠，至少有一位「做肥皂的」，甚至還有幾名比較有錢的傭人。這股熱情還具有傳染性，城裡都在談論殖民地有一筆大財等在那兒，還有歌曲、詩篇寫來讚頌這公司，還為它禱告祈求好運。

由於歷史記載有所不同，而且當時蘇格蘭有兩套貨幣通行，很難算得精確，不過瓦特估計，當時整個蘇格蘭總貨幣資產的六分之一到二分之一都繳入該公司的金庫。若你把答應要投入的總額包括進來（因為只需付一部分現金當預付款），有可能答應要投入的資金會超過國內貨幣的總值。

實話實說，這並不是什麼好事。

帕特森似乎早已十分了解如何煽動金融狂熱，還利用這來獲取個人利益。事實上，他討論這件事的用詞很像現代所了解的「網紅」所為，真是詭異極了。一六九五年的一封信裡，他寫道：「如果不能打鐵趁熱，那麼募資幾乎沒法或絕對沒法成功，多數人通常是比較從眾而不會順從理性。」有一個關鍵因素可能在於簽約下單並不是私下進行，反而是公開於大庭廣眾，而且確實是該公司刻意發行，好讓大家都能見到前來投資的是哪些人。而且，帕特森故意針對萬人矚目的公眾人物（或是所謂「影響力人士」）來當最一開始的支持者，希望這麼一來就能成為其他人的模範，會使他們更被情勢驅使而不顧理性。就像是某種十七世紀的 Kickstarter 或 GoFundMe 網站，如此做法就把支持這家公司的行為從個人理財選擇，變作是公開宣告忠貞——而且只要你的名字沒出現在名單上，就被質疑為何不支持。

自然而然，這套功夫就導致一種自我強化的社會壓力螺旋，形成一股氛圍，反對或質疑的聲音都被強力淹沒。一六九六年，設立蘇格蘭銀行的約翰・賀蘭（John Holland）先生很不高興的如此記下：當他試圖想要批評這項方案的時候，被指責是為東印度公司工作的間諜，他這麼寫道：「全國對印非貿易公司的狂熱之甚，很多人都因而對我有了偏見；而且因為他們無法回答我對其規畫的反對論點，就彼此互相告誡，我們絕對不能相信賀蘭先生所說的話，因為他是英國人……一個人要對此事自由發表想法都變得危險了，人們害怕而不敢提出意見。」

對英格蘭的動作感到不滿，突然湧現的愛國心自信、高遠的承諾，還有誘人的遠景，把支持轉化成一種表演行動的手法，還有老派的大發橫財誘惑，全都合起來創造出一個最佳環境，正適合亡命的群眾狂熱。現實正是如此，一六九八年七月十四日，歡欣鼓舞的群眾揮手歡送之下，五艘大船揚帆從萊斯（Leith）出發，載著帕特森和另外一千兩百名滿懷希望的心靈，全都向著連帕特森都未曾到過的中美洲目的地前進。

哦，是啊，我們還沒提到那部分嗎？帕特森從來沒去過達里昂。

這小子為什麼把他那偉大貿易實驗的目的地設定在達里昂，至今依然是個謎。帕特森確實在加勒比海待過一段時間經商，但他的自傳或公開的文書裡並沒有證據顯示他曾經去到比較接近巴拿馬地峽的什麼地方。反而，最有可能的是，他大概是從海盜那兒聽來的。（這正是海盜橫行的黃金年代，當時如假包換的加勒比海海盜十分猖獗，若非真的離經叛道自成一格，就是受到各國政府睜一隻眼閉一隻眼暗地支持，要他們去騷擾其他的殖民對手。）

根據的不過只是些道聽塗說，帕特森怎麼有辦法持續說服蘇格蘭公司的主管同僚，要他們支持將達里昂建成蘇格蘭全球帝國樞紐的遠大夢想，這也並不清楚。當然，他們有很多機會可以改弦更張——一六九七年，船團出發前一年，他們確實就要完全放棄達里昂方案，轉而將焦點放在比較沒那麼高遠的目標。

愛丁堡募資的時候收入大批現金，他們意識到公司正在亂花錢，而且可能無法保障資金足以支持該方案的雄心壯志。（他們愚不可及地決定要購買全新、全歐洲最先進的船，而同一時間大多數的競爭對手是用租來的船隻組成船團。這做法可能是想要對潛在的荷蘭還有德國投資人膨風——有點像是新創科技公司沒有收入，卻在城裡最貴的地段擁有時髦的辦公室。主管當中有許多合格的專家，對遠征隊的可行性提出質疑，要求籌募到的資金應該花在沒那麼壯麗的對亞洲貿易。他們完全意識到把達里昂當作目標的一切潛在危機，甚至想過好多個其他美洲的地點可能比較合適……然而，這群保持清醒、受過良好教育而且值得尊敬的人，都說服自己說到現在都很順利，就決定勇往直前。

一六九八年十一月，殖民者一抵達當地，潛在的危機究竟是什麼就開始浮現，許多人甚至不曉得他們的目的地是達里昂。一旦上船開航，他們才接到指令，因為公司絕望地試圖保持機密不讓對手知道。

一開始，事情似乎頗為順利。移民者對那地方的自然美景以及（對他們來說）奇異陌生的物種大感驚奇，像是陸龜、樹懶和大食蟻獸。當地的孤巴族（Guba）看來十分和善，還說到幾哩開外就有金礦。移民者很高興地發現一個「極佳海港」，一處受到天然屏障的兩哩長海灘，其中一人休斯・羅斯（Hugh Rose）還認為這地方「能夠容納一千艘世上最棒的船隻」。另一個不具名的日誌作家寫道：「土壤肥沃，空氣清新宜人，一切的一切都讓這裡既健康又便利。」

他們依據蘇格蘭的古名，把這個海灣命名為喀里多尼亞（Caledonia），馬上著手建設第一座市鎮，名為紐愛丁堡。他們對此極為滿意，派出探險隊的會計主管漢彌爾頓（Alexander Hamilton）搭乘一艘路過的法國海盜船回程，將此好消息帶回國內。

漢彌爾頓的船一出港就沉了，這是事情其實糟糕透了的第一個警訊。

此時，這麼一個大的天然港不被其他殖民強權利用，原因就很明顯了。就跟加州旅店一樣，進去容易，想要出來可沒那麼簡單。盛行的風向不佳，一駛出海灣屏障，船隻馬上被迫往後退，還受巨浪襲擊。載著漢彌爾頓的那艘船不出三十分鐘就撞成碎片，幾乎半數船員葬身海底。（漢彌爾頓自己倖存下來，最後總算能夠回到蘇格蘭，告訴大家探險隊的情況如何。）公司早就接到有經驗的水手警告，說他們那些大型、昂貴的船隻龍骨太淺，完全不適合加勒比海的情況，但他們無視如此忠告。對於計畫中的貿易殖民地來說，如果一年當中有好幾個月船會被困在港內，理應會讓人再三考慮，可是誰都不在乎。

他們有沒有把貿易這檔事好好想清楚過，也是值得懷疑。這趟貿易任務，瓦特的研究建議他們會花很少量預算購買可交易的物品——大多數是布料，但是也包括超過兩百頂的假髮、一大批時髦的鞋子，還有大量梳子。（最後一項會帶上船，是認為世界各地的原住民全都一看到梳子就會愛不釋手，馬上都在他們境內交易。到後來才發現，孤巴族似乎對梳子一點興趣也沒有。）另一方面，若這趟任務的目標只是要建立殖民地，也許可以少帶些假髮，多帶些工具。

隨著建設紐愛丁堡的工作展開，士氣很快開始往下直直落。工作真是艱苦，還要頂著蘇格蘭見都沒見過的熱度進行。經過兩個月的徒勞，砍開一片似乎永不退縮的濃密叢林，這時計畫領導們才說一開始就蓋錯地方了（「這不過是塊沼澤地啊」帕特森這麼描述）。士氣又更低了。雨開始下，而且巴拿馬的雨和蘇格蘭可不一樣。日誌作家羅斯也很快改變他對此地的正面態度，如今是這麼寫的：「陸上、海灣裡都是些紅樹林還有沼澤濕地，極度有害身心健康。」

沼澤地不僅有害身心健康，很快地，疾病開始要人性命。究竟是什麼病並不很清楚，因為殖民者只描述為「熱病」，不過最有可能是瘧疾或黃熱病，全都是拜附近沼澤裡的蚊子所賜。（這兩種疾病本身也是殖民而來，是被歐洲人從舊世界幫忙傳入。）殖民者很快一個接一個倒下，帕特森的老婆就是第一批過世的，距大家登陸還不到兩星期。又過幾天，殖民地最後一位宗教主事也蒙主寵召。

沒有患上熱病的，也由於其他因素失去健康，這都多虧了蘇格蘭公司這趟旅程的一大得意之舉，決定要載來相當大量的烈酒。喀里多尼亞的人們開始借酒澆愁，這並沒有讓紐愛丁堡的建設工作更快些。過一陣子，領導們決定徹底放棄建設紐愛丁堡，專心造一座碉堡，因為他們逐漸受不了西班人的大規模攻擊。

是的沒錯，西班牙人。你瞧瞧，我們還沒提到帕特森方案最大、最驚人的明顯問題出在哪兒。

那就是西班牙人十分堅持，認為達里昂早就歸他們管。他們會這麼想，全都是根據一些毫不起眼的小事。例如像是他們早就在巴拿馬地峽一帶活動，幾乎有兩百年之久。還有，這是他們把南美洲掠劫而來的黃金和白銀運回西班牙的重要道路。還有像是達里昂正好位在三座西班牙人的大城之間。他們在之前還真占領過達里昂，但由於蘇格蘭人現在才開始發現的種種問題，最後放棄此地。別以為西班牙會讓一個暴發戶國家就這麼晃進來，在他們現有的殖民地中間咚一聲設個新的殖民地，這想法太可笑了。

蘇格蘭公司怎麼會認為西班牙人會放過他們？這真讓人搔破頭想不通啊。不過我們至少可以對他們的想法有個大概的認識。受到海盜成功襲擊西班牙人在此區的浪漫傳說鼓舞，他們似乎以為西班牙已經成了一隻紙老虎，是一個衰敗的皇家強權，最強的時代早已過去。即使事實上西班牙的海軍在數量上遠勝蘇格蘭（一比零），他們很可能以為若能排除一開始的西班牙人攻擊，就可以成功地說西班牙只是虛有其表。

這個嘛……事實並非如此。首先，西班牙並不需要直接攻擊。若說英格蘭阻撓蘇格蘭雄心壯志的努力已在之前造成破壞，和現在發生的情況根本沒法比。西班牙很迅速而且很有外交策略地讓威廉國王曉得，蘇格蘭的小小投機事業正是會引發兩國開戰的那種鳥事。才剛從英法定期要打的大戰當中抽身，威廉好想和西班牙維持和平，因此立即下令英格蘭領土或船隻都不准供應、協助或甚至以任何方式和蘇格蘭人有所交往。

這消息傳到喀里多尼亞的時候，殖民者們陷入一片絕望。他們到此之後都不曾收到過來自祖國的消息，即使持續向蘇格蘭國內請求送來補給品——如今他們完全被隔絕在外，沒希望在這地方找到友軍。

英格蘭的禁運措施尚未落幕，殖民者就已經擊退一次小規模的西班牙人攻擊，這還是多虧派來監視他們行動的英格蘭船隻艦長預先提出警告。（說來丟臉，他其實要比殖民者更早抵達當地，因為這公司保守祕密的工夫差勁透頂。）那次小小勝利稍稍振奮了士氣，可是有艘派出去尋求貿易機會的船被西班牙人奪去，人員被送入大牢，貨物則被扣押，瞬時士氣又土崩瓦解。

這會兒，喀里多尼亞已損失半數人口，非死即俘，而另一半人早就精疲力竭，吃不飽睡不好，他們被完全孤立的消息成了最後一根稻草。他們認為自己被完全放棄了，成群結隊選擇放棄達里昂離開這塊傷心地。

總算來到大半生夢想之地不過才九個月，帕特森如今死了老婆又染上疾病，被帶上船準備離開。他的熱病好了，但是再也沒能見到達里昂。

帶著一身病痛，殖民者們經由牙買加、紐約返國的航程，就和之前在達里昂的歲月一樣糟糕。光是要出港就耗去幾乎一個星期，而且旅途上又有好幾百人不幸喪命，沉了一艘船，另有一艘幾乎全毀。到最後，僅一艘能夠勉強一路蹣跚駛回蘇格蘭。然而，不幸的是，它沒來得及趕回來阻止第二個船團揚帆前進達里昂，重蹈覆轍。沒錯，蘇格蘭公司總算決定要派出過時甚久的支援隊，只不過這會兒一切都已太遲。

第二批船團在一六九九年十二月底抵達，發現那兒是「一片蠻荒之地」：紐愛丁堡只剩廢棄、燒過的遺址，一座大而不當的碉堡，還有為數龐大草草掩埋的墳墓。不顧一切橫逆，新來的人們決定要留下來，重建並嘗試堅守土地，同時要求送來新的補給。結果只是造成更多人生病、死去，送給西班牙一個大好幾會，證明他們並不是一個沒落的強權。新世紀開始沒幾個月，西班牙人帶著武力到來，提醒眾人他才是老大。熱病纏身，蘇格蘭人居然還設法在包圍之下撐了一陣子，不過到了四月他們全都被迫投降。蘇格蘭帝國結束了。

可能是低估了夾著尾巴逃走的敗軍具有宣傳價值，或者只是因為對這些可憐的傢伙心生悲憫，西班牙人放這些殖民者一條生路。歸國途中又有好幾百人死於熱病。一場強烈的颶風又再摧毀兩艘船，更損失一百多條性命——包括了出名倒楣的會計漢彌爾頓，他雖然第一次返航就遇到船難，還是設法回到蘇格蘭，卻又選擇和第二批船團再回到達里昂。

全部合計起來，從蘇格蘭出發進往達里昂的約有三千人之譜。據信大概有一千五百至兩千左右的人喪命，若不是死在喀里多尼亞灣，就是死於海上航程中。許多倖存者再也沒有回到蘇格蘭。

至於愛丁堡這方面，一七〇〇這年一波接一波的不幸消息傳回來，殖民計畫的失敗立刻掀起震撼。在一個新近才變得兩極化的政治環境裡，這議題成了政治足球，反應可分成兩個陣營，一邊為他們丟人現眼的失敗指責公司主管，另一邊則認為英格蘭的干預是背信忘義。愛丁堡出現多場騷亂支持公司。有位不滿的殖民者把傳單撕碎扔向公司主管，結果被指責是褻瀆；三位公司支持者印行貶人的版畫攻擊攻府，差點被當叛國分子起訴。事實究竟如何，已經不重要了——全都是看你屬於哪個陣營。

造成的衝擊效應不僅是政治面，還有金融面：正當一場金融危機，國內總財產有很大一部分被浪費掉。損失大筆金額的個別投資人，看來是血本無歸。蘇格蘭備受羞辱，還變得更加衰弱。

當然，並不會因單一理由就發生重大政治轉變。迫使蘇格蘭朝向和英格蘭全面聯合的作用力相當複雜，並不是在帕特森有勇無謀的方案提出之際就突然出現。再怎麼說，那時已經是十七世紀末，國境和盟友似乎每隔幾個星期就會有所改變。但達里昂對此當然有重大影響——尤其是後來才發現是英格蘭提供蘇格蘭一項紓困方案，當作是聯合協議的一部分。不僅是為了國家，而且是為了蘇格蘭公司的個別投資客，他們不僅可以把原先投入的股本收回，還有一筆可觀的利息。

很多人都說這是賄賂，「我們被買了然後賣掉，以換取英格蘭的金子」，八十年後，伯恩斯會在詩裡這麼記載此事。有些人把這整件事看成是英格蘭的一樁陰謀，要讓蘇格蘭破敗到一個程度而沒有其他選擇，其他人則是滿心歡喜能把錢取回。

帕特森發言贊成兩國聯合。

一七〇七年五月，聯合王國誕生了。八月時，將近四十萬英鎊，用幾十輛嚴密防守的貨車裝載駛進愛丁堡。

整件事可以這麼來看：帕特森其實並不算錯，巴拿馬真是一個設立殖民地的好所在——確實如此，考古學家霍爾頓（Mark Horton）二〇〇七年在地峽做了調查，認為帕特森提出從達里昂出發的貿易路線確實可行。而且，帕特森預想的全球貿易發展狀況，如今看來並沒有差得太遠；更重要的是，他把這當作是帝國殘忍暴行的非暴力替代品，公然加以提倡，如此寫道：貿易可以帶來財富，卻不會「像亞歷山大和凱撒那樣沾染罪惡和血腥」。坦白說，這話在那時講，讓他成了先覺醒的人。（不過我們也別熱過頭了：眾人興高采烈談論達里昂那些未經開採的金礦，就表示這方案有很多的支持者會加入，就是看上了要掠奪自然資源。）

真讓這項投機事業一敗塗地的，是此方案支持者們掌握困難問題的能力不足。他們不顧細節，例如像是需要哪一種船隻，要攜帶哪些補給品；他們不去管大環境，例如像是他們的行動具有什麼地緣政治意涵。反而，當挫折或困境浮現的時候，他們都是相信自我宣傳，還更加強烈說服自己一直過得很好很順利。

時至今日，達里昂的事在蘇格蘭依然意見分歧。二〇一四年獨立公投期間，雙方都用這作為一種隱喻。對民族主義者來說，這正是英格蘭總是試圖搞破壞壓制蘇格蘭野心的一則寓言；對於聯合王國論者而言，這正是一個教訓，表示放棄穩定、支持不切實際野心會有多麼危險。

就像傳說故事一樣，多種隱喻各自解讀。我的意思是，這故事講的是一個國家不顧它地理上最親密的貿易夥伴所結成的政治聯盟，反而支持懷抱帝國夢自由貿易狂熱分子所提倡的堅決全球影響力之幻想，還把他們模糊的計畫包裝在受到委屈的愛國主義話術裡，同時頑固地不去管專家對於實際現況的警告。

不幸，我想不到有什麼可作為如今現狀的隱喻。

另五位任務失敗的探險家

✪ 路易斯‧安東尼‧布干維爾（Louis-Antoine de Bougainville）

這位法國探險家，幾乎要成為首位環球一周的法國人，一路來到大堡礁那麼遠卻就此回頭，也就錯過發現澳洲的機會。

✪ 約翰‧伊凡斯（John Evans）

這位威爾斯的探險家在一七九〇年代花了五年光陰，在美洲尋找一個失落的威爾斯部族，這期間他被西班牙當成間諜關押，最後總算找到那個部族——曼丹人（Mandan），還發現他們並非威爾斯裔。

✪ 菲爾加摩爾‧史蒂芬森（Vilhjalmur Stefansson）

這位加拿大探險家認為北極其實是個相當適宜人居的地方，還在一九一三年率領一隊探險隊去那裡。他的船被冰所困，這時就告訴隊員他要出發去找東西吃，立刻拋下這些人溜之大吉。

✪ 路易斯．拉塞特（Lewis Lasseter）

一九三〇年，拉塞特率領一支搜查隊，進入澳洲內陸沙漠找尋由純金打造的一片巨型礦脈，據他說是在多年前就發現到了，但其實根本沒有這種東西存在。最後，其他搜查隊員棄他而去，然後他的駱駝趁他方便時逃走了，他也跟著一命嗚呼。

✪ 薩拉蒙．奧古斯特．安德魯（S. A. Andrée）

安德魯原本是位瑞典工程師兼冒險家，他想到一個絕妙點子，要乘氫氣球去探索北極——而且不顧氣球漏氣仍執意要出發。他和同行者死在北極圈內某處。

8

呆瓜與（或）現任總統的外交指南

隨著大發現時代的全球旅行大爆發，意外引發各種戰爭的機會也大增，因為前項情勢讓你可以惹毛的國家數目巨幅增加。假設（至少有些時候）你真的想要避免戰爭，那麼（沒法像哈拉帕人那樣，做到他們連那究竟是什麼也搞不清楚的事），最好的選擇就是採取外交手段。外交就是一大群人不要彼此討厭的藝術——或者至少至少，設法讓大家都同意每個人都有令人討厭的時刻，那麼何不試著把火氣調小一些。

不幸，我們兩方面都不擅長。

國際關係的關鍵問題，源自更一般也更根本的人類互動問題，也就是說它涉及兩個基本原則：

一、相信別人是個好主意；二、不過可別太認真！

歷史上，每一回不同文化之間彼此接觸的時候，這個兩難處境都一直縈繞不去。活在這些時刻的人真不幸，沒法得知哪個選擇才正確。這問題我們還沒法找到解答，不過至少已能回過頭看看之前的人所做的選擇，說說閒話：「哦不，絕對是搞錯了。」

哥倫布乘船來的時候，泰諾人面對的問題就是如此——雙方剛開始會面時，他們心存信任，和善又慷慨讓哥倫布留下深刻印象。顯然，哥倫布的反應正是有人對你和善又慷慨時的正常反應：「他們一定很適合做奴僕，」他心裡這麼想，琢磨了好幾天之後，還加上一句：「只要有五十個，要他們幹啥都沒問題。」真好樣的。

幾十年過後，幾乎同樣的事情大規模重演，這回，阿茲特克統治者蒙特蘇馬（Moctezuma）對柯爾提斯（Hernán Cortés）的意圖做出相當糟糕的判斷。

阿茲特克人（或墨西哥人，因為他們如此自稱）統治的大帝國，橫亙於現在的墨西哥中部由大西洋這岸延伸到太平洋那一岸。蒙特蘇馬在特諾奇提特蘭（Tenochtitlan）城邦發號施令統治全國，那是當時整個美洲大陸規模最大也最先進的城市（正是如今墨西哥城所在位置）。一切都進行得很順利，直到一五一九年，科爾提斯在猶加敦海岸登陸。

科爾提斯並不僅僅是位征服者，更是一位不按牌理出牌的征服者——他其實已被解除探險任務指揮權，因為西班牙的古巴總督並不信任他，但科爾提斯乾脆領著船隻帶著手下揚長而去。他到岸沒過多久，就故意把船鑿沉，讓手下無法叛逃回古巴去。我在這想要說的是，科爾提斯一點團隊精神也沒有。然而在此節骨眼，被自己同袍趕了出來又沒法回家，除了「征服別人」之外，差不多也沒有別的選擇。

科爾提斯上岸的地方，距特諾奇提特蘭還有差不多兩百哩遠，蒙特蘇馬一聽到消息就相當緊張，這也不難了解。不幸，他無法決定該如何因應，是要送科爾提斯一筆豐厚的禮物呢，還是該給他警告要他滾遠一點，這位國王一直猶豫不決。在此同時，科爾提斯忙著利用墨西哥的弱點搞破壞，主要的問題在於：它也是個帝國，而且往往行事相當殘暴。因此，墨西哥境內就有許多原住民並不喜歡蒙特蘇馬，而且，科爾提斯往內陸前進的時候，好話說盡、連哄帶騙還偶爾大開殺戒，為的就是迫使當地人與他結盟反抗特諾奇提特蘭。

這狀況早就應該讓蒙特蘇馬有所警覺，曉得最後恐怕難以結成新的友誼，可是他依然等待。據推測，當時有個普遍流傳的說法，認為科爾提斯可能是天神奎札科亞特（Quetzalcoatl）的化身重返人間，或許因而更讓他三心兩意無法下判斷——不過這說法唯一確切的證據，只是在科爾提斯與別人通信時一直這麼講，而且坦白來說，他的這些話根本就是在放屁。

科爾提斯總算來到特諾奇提特蘭的時候，還有幾百位西班牙士兵以及若干新結交的盟友一起，蒙特蘇馬終於做了決定，不管有一大堆謀士說客都告訴他這實在不是個好點子。持平而論，很難說他還能有什麼別的好決定，可是這實在是錯得太過離譜：他把西班牙人奉為上賓迎進朝廷。他送給來人豐盛禮物，讓他們住好的、享受好的。這麼做……並不能換來好結局。過了幾個星期，科爾提斯主導一次政變，將蒙特蘇馬軟禁在自個兒的宮殿裡，還強迫他當個傀儡。西班牙人提出的第一個要求，是要飽餐一頓；接下來，他們馬上要求國王叫人們把收藏的黃金全部交出來。

一五二〇年初，一切都爆發開來，相當諷刺，這時科爾提斯正出城迎戰一隊西班牙大軍，這是古巴總督派來試圖阻止他在此胡作非為。不知何故，科爾提斯派駐後方特諾奇提特蘭留守的副官裡有一位逕做決定，正當整批墨西哥貴族在大神廟歡慶宗教節日之際大開殺戒。墨西哥人民對此屠殺大為憤慨，起而反抗，科爾提斯回來面對的是一場起義。他命令蒙特蘇馬要他的臣民放下敵意，沒有用，蒙特蘇馬就被殺了。據西班牙這方面的說法，他是被一群憤怒的人民用石頭砸死的；比較可能的則是：當他已經不再能發揮傀儡功用，就被西班牙人謀害。經過之後一年多的血戰，西班牙完全征服了墨西哥，科爾提斯（突然又重獲上司賞識）則當上墨西哥總督。

恐怕沒有誰能夠阻止西班牙入侵，但蒙特蘇馬決定要把他們當客人歡迎，勢必成為史上最不聽勸的國際關係政策。而且說實話，如果三百年後墨西哥政府開始鼓勵合眾國的人移民進入德克薩斯時有想一想這個案例，那麼蒙特蘇馬的悲哀故事給我們留下的教訓（「拜託哦，墨西哥，別再邀請白人登堂入室了好不好」），或許能讓歷史往相當不一樣的方向發展。

幸好，蒙特蘇馬留下的名聲還不會太差，歷史上把國際關係決策搞砸的例子罄竹難書，他並不是個孤例。

聰明挑選朋友有多麼重要，可在西元九年羅馬的日耳曼總督普布利烏斯．昆克蒂利烏斯．瓦盧斯（Publius Quinctilius Varus）的故事中看得出來。瓦盧斯想做的，正是占領軍的傳統行徑：挑選一些當地的貴族結盟，以便讓農民相對保持平靜。他運氣不好，選了名叫阿米尼烏斯（Arminius）的日耳曼部落首領，這是因為他曾被認可為羅馬公民，甚至還在羅馬軍中統領一隊輔助軍團。即使瓦盧斯接到警告，說他信任的顧問恐怕為人並沒有那麼正直，日耳曼部族發生反叛的消息傳來需要前去鎮壓的時候，還是選擇相信阿米尼烏斯。阿米尼烏斯把瓦盧斯和他的羅馬軍團引入一片埋伏——這其實是他設下的圈套，玩的是「我到前面看看狀況」老把戲。整整三個羅馬軍團被殲滅（這是他們歷史上最慘的軍事失敗），而羅馬帝國往北擴張的進程就此打住。

過度信任的反面範例，則是明朝統治下自己把自己打敗的中國外交政策，如今已經成為孤立主義為禍的最佳研究案例。一四〇〇年代前三十年，中國擁有世界歷史上最龐大的海軍艦隊，由傳奇的海上大使鄭和領軍。艦隊是由三百艘船艦組成，包括龐大的九桅大舟，要比接下來好幾百年間任何在海上航行的船隻還更巨大，艦隊載了多達三萬人；甚至還包括有小艇用來當作是水上農場，在上頭種菜、畜養家畜。

此外，這段期間，他們並沒有真正運用艦隊在航程中搞些侵略之類的事。當然他們花了很多時候打擊海盜，而且，若要對付任何被認為跨越分際的國家，這個艦隊十分方便用來在不經意當中展現恐嚇之意——不過鄭和七次下西洋前往亞洲、阿拉伯以及西非的路途上，僅僅發生一次相對小規模的戰鬥。他們反而是把大部分時間都花在拜訪港口，遠達馬六甲、馬斯喀特和摩加迪休……噢，是去交換禮物。他們送出貴金屬還有上好的織品布料，也取回各式各樣的禮物，包括了許多的珍禽異獸。有一次，他們從肯亞把一隻長頸鹿帶回國。

作為帝國強權無上武力的展現，這聽起來要比其他別的做法要和善得多。一四三三年鄭和死後，明朝把這全都……停止活動，真是讓人百思不解。他們放棄自己的海上大軍。對於一直持續騷擾的日本海盜，他們採取矯枉過正的做法，重啟古老的「海禁」政策——幾乎完全禁絕任何海上船運活動。在北邊和蒙古長期征戰耗費太多心力，對外派遣使節團就被視為毫無必要的花費，而且錢最好可以花在另一個截然不同的計畫：建造一座極大規模的邊境高牆。

接下來的歲月，中國轉而越來越內向，和世界互不往來。他們這麼做的同時，正當歐洲海軍開始探索世界，結果造成雙重加乘效應：也就是說，幾十年後歐洲人開始來到亞洲海域出沒之際，並沒有一個大的當地強權出面阻擋，也就表示中國等於是錯過了全世界各地展開的科學與技術加速發展。要過好久好久之後，中國才能重拾國際強權的地位。

這更凸顯出，若想預測未來的強權平衡會如何移轉，外交選擇占有多大分量。既然不可能做什麼事都精確無比，毫不意外人們經常會弄錯意思。一九一七年晚春的瑞士，正當第一次世界大戰期間，有位留了可笑鬍子的中年男子給德國政府提出建言。這是一位俄羅斯人，祖國正值政治紛亂之際，他非常想要回到家鄉——可是戰爭使得橫越歐洲旅行完全不可行。回俄羅斯的最佳路徑是先朝北經過德國，可是這位先生得要獲得德國批准才行。然而德國政府並不喜歡他的政治主張。

說詞很簡單。即使彼此有所差異，他和德國目前面對同一個敵人：那就是俄國政府，他討厭得很，巴不得快快將它推翻。德國最高統帥部在好幾個戰線開打，認為只要能夠叫他們把資源從前線移走，任何讓俄羅斯分心的事情都有助益。因此他們就同意了。他們將這人、他老婆，還有另外三十名同夥送上一列開往北部港口的火車，他們可以從那兒經由瑞典和芬蘭繼續旅程。這算不上什麼先鋒部隊，不過也聊勝於無。德國官方甚至給他們一些盤纏，接下來幾個月還會持續提供經濟協助。他們八成以為，就像大多數各有特定理由的政治異議人士，他可以激起一陣風波，讓俄羅斯人忙上一陣子，然後就這麼消聲匿跡。

反正呢，你猜得沒錯，這傢伙就是列寧。

很多方面來說，德國的計畫進行得無懈可擊。事實上，要比預期效果更好。這些布爾什維克黨人不僅激怒俄羅斯政府讓他們分心，還根本將它們連根剷除。不到六個月的時間，俄羅斯的臨時政府倒台，列寧大權在握，成立蘇維埃國家。德國得到一紙停火協議，當他們四月揮手送走列寧搭上火車那一刻，想都不敢想會有這種好事。

然而，放長遠來看，這計畫並不能算是徹底大獲成功。

首先，西線的停火協議其實並沒能幫助德國打贏這場大戰。而且，抱持擴張態度的新成立蘇維埃國，和曾幫過他們的德國，後來兩者之間的關係很快就惡化。快轉幾十年再經過另一場世界大戰，剛被切成兩半的德國有一半是落入蘇維埃控制。

德國人掉進古老的圈套，以為敵人的敵人就會是朋友。確實，這想法並非總是錯的——只不過這樣的朋友關係往往維持不了多久。而且，除了解釋好幾個世紀極端錯綜複雜的歐洲歷史，「敵人的敵人」妄想就隱隱躲藏在一大堆史上最糟決策的背後。

這現象有另一個名字，或可稱做是「戰後的美利堅合眾國外交政策」。這一大段期間全球決策差勁透頂，即我們所謂的「冷戰」，任何人只要符合「我不是共產黨員」條件，美國就會和他結盟。這些盟邦有許多擺明了就是不折不扣的渾球（例如：拉丁美洲形形色色的各國獨裁者、越南一個接一個糟糕的領導人）。但在最核心、根本的問題之上還有另一個問題：往往這些盟邦本來就不曾是美國的大粉絲。

就拿過去幾十年為例，美國一直參與反蓋達組織（al-Qaeda）的武裝衝突，它們是從阿富汗的「聖戰士」（Mujahideen）演進而來，而後面提到的這個團體原本一直接受美國援助要他們對抗蘇聯。（我在此大力推薦各位可在家看看一九八七年的〇〇七電影《黎明生機》〔*The Living Daylights*〕，一定會忍不住對著螢幕驚呼「哇嗚，這根本是沒多久之前的事嘛」。影片當中，龐德和「聖戰士」合作，他們的領導人是位深具魅力的英雄人物，你可以形容他是「說一口破英文的粗魯版本賓拉登」。不過主題曲倒是不錯。）

美國也曾經和伊拉克發生過武裝衝突，而原本他們是接受美國支持以對抗伊朗，而伊朗又是因為美國支持之前的獨裁政權而反美，因為這政權也同樣反對蘇聯。

而且他們也曾經和ＩＳＩＳ發生過武裝衝突，而ＩＳＩＳ是從戰後伊拉克的「蓋達組織」活動發展出來，如今在敘利亞打起至少是三邊的戰爭，其中美國反對一個它原本支持的政權，但後來轉而試圖支持其敵人，結果是有些敵對政權的敵人也和ＩＳＩＳ交朋友，又是美國與美國敵人的敵人，雖然有些其他朋友算是雙方共同敵人，噢，還有俄羅斯也在那作戰呢，都是為了久遠之前埋下的因由。

而且以上種種只不過是世界上某個部分的狀況。

您瞧瞧，國際政治真的相當困難。華而不實的理想沒有多少空間，而且實用主義的冷酷現實，表示你往往得要將就於你有辦法爭取到的盟邦，而非你真正想要的盟邦。不過，如果我們記得大多數時候敵人的敵人就和原先敵人半斤八兩，一樣是個混蛋，那往往就能避免遇上那些一再重複發生的問題。

但是在真正糟糕外交錯誤的一長串歷史當中，有個案例十分突出值得一提。

如何失掉整個帝國（其實不是故意的）

一二一七年，又大又強的花剌子模帝國（Khwarezmian Empire）沙阿，阿拉烏丁．摩訶末（Ala ad-Din Muhammad II）接到一封信，信來自隔壁東邊一個新興強權的領導人。信裡寫道：「日出處之主，致日落處統治者。讓我們簽訂一個堅實的協定，建立友誼維護和平。」信中提出一項兩強權之間的貿易協議，彼此蒙受極大互惠利益。

這個時候，沙阿摩訶末做了個決定，堪稱長長國際外交史上最為糟糕的決定。

花剌子模帝國是當時世上最重要的強權之一，幾乎是西由黑海延伸至東邊的興都庫什山，南自波斯灣北到哈撒克的草原。它涵蓋了一大片區域，包括今日伊朗、烏茲別克、土庫曼、塔吉克、亞塞拜然、阿富汗等國的全境或大部分。在此同時，歐洲依然處於無甚可觀的中世紀時期，要再過一兩百年才會有文藝復興出現，花剌子模正位於整個已開發世界的正中央核心。連接東、西方的大道——絲路，就是經過花剌子模，貨物和想法觀念都是經由這條大道運轉流通。沙阿的領地正屬伊斯蘭世界活躍的心臟地帶，而這時的伊斯蘭算是有史以來最富裕也最先進的文明。撒馬爾罕、布哈拉（Bukhara）、梅爾夫（Merv）等幾個花剌子模帝國的都會，都是中亞數一數二的大城，學術、創新和文化都極負盛名。

如果你心裡在想：「怪了，我怎麼沒聽過什麼花剌子模帝國？」嘿嘿，那是有原因的。

講明了，沙阿收到的信是一位名叫成吉思汗的傢伙派人送來。而就在沙阿做出糟糕決定之後沒幾年……花剌子模帝國就滅亡了。

值得注意的是（至少依現有歷史判斷），成吉思汗給沙阿表達友好的書信完全出自真心誠意。到此時，這位偉大的戰士已經成功達成他所有目標：他已經征服並且統一了中國北方和周邊領地的游牧民族，全都納入蒙古帝國，一連串的征戰有的輕鬆簡單，有的相當殘酷。他還得在東方打幾個勝仗才成，不過根本沒有計畫要更往西方推進。他的野心和欲望就這麼遠了；況且，他已將近不惑之年，該做的差不多都做完了，要開始計畫安享晚年生活。

最近剛征服了喀喇契丹（Qara Khitai，即西遼），這個帝國是一批移居而來的中國游牧民族所建立，大致以目前的吉爾吉斯為中心，還是最後的反抗勢力之一，如此就讓成吉思汗來到花剌子模國的門前，成為蒙古與伊斯蘭世界之間的最新邊界。就像邊界經常出現的狀況，尤其是那種模模糊糊的邊界，蒙古軍和花剌子模之間早就發生過一次不了了之的軍事衝突。這發生於摩訶末率領大軍進攻敵人之際，結果卻發現蒙古人已經早他們一步到此，還幫他們把敵人剿清。

甚至，這還不是第一回發生這種事情。成吉思汗似乎把這當成習慣，把穆罕默德想要親自征服的地方全都搶先拿下，這或許足以解釋，沙阿對於成吉思汗一開始先下手為強所伸出的橄欖枝，未經充分諮詢就胡亂反應。或許，他感到有點不爽還覺得被羞辱了，因為蒙古人一直搶在前面讓他沒機會好好打個勝仗。（蒙古人是相當優秀的軍事策略專家，這大概也讓他有所警惕，不過呢，顯然並非如此。）

此外，花剌子模和蒙古的關係似乎受到翻譯疏漏時通常會遇到的那類問題。「日出處之主致日落處統治者」可能只是成吉思汗要鋪陳出一些基本的東西地理學課題，並且了解到他們的地位（大致）相同。可是，這訊息還有另外的解釋法：「我是蒸蒸日上的統治權力，你是日薄西山的政權。」這麼寫下來，一瞬間突然好像是成吉思汗意有所指。對一位早就認為有某個誰把他的勝利都取走而有點難搞的領導者來說，這種用語是否還真被認為說的是：「我是上升的勢力而你是衰敗的強權，呵呵」？

經過一系列的你來我往，接下來的對話，摩訶末和成吉思汗之間就像是演出一場被動攻擊行動劇。成吉思汗因為沙阿送他的禮物是精緻絲織品，而覺得被看扁了（「這人以為我沒見過這種東西是嗎？」）。他的反應是回送一大塊天然純金，大概是要表現蒙古人雖然住在帳篷裡，還是擁有一些好東西。這時，成吉思汗很努力重複表明他祈求和平——「我十分希望能和你和平共處，我會待你如我兒」，完全和穆罕默德搭不上線，後者根本不喜歡被叫做「我兒」。（順便一提，如果你用一種粗暴、含糊不清的口氣講「我兒」，真的很可笑。）

不過，依然遵守正式的外交禮節（雖然潛藏著小家子氣在其中），成吉思汗顯然以為他要求和平貿易關係的請求已獲得同意。首先，這對兩方都是雙贏的安排，再明顯不過。他在某一封信裡告訴摩訶末：「你也知道，我們國家是一大群的戰士，擁有銀礦，不需要侵占別人領土，推廣雙方貿易我們有同樣利益。」

因此，成吉思汗派出第一個貿易代表團到花剌子模，用他自己的資金並由他私人特使領隊：四百五十位商人、一百名軍人和五百頭駱駝，還有篷車全都載滿白銀、絲綢和翠玉。他們的首要目標就是確保花剌子模最近在與蒙古接壤邊界區域所實施的禁運能夠結束。每個人都很期盼這目標能夠實現，尤其是可以往比花剌子模更遠的地方去。成吉思汗統一中國北部，理論上會讓絲路沿線交通更加順暢，而且伊斯蘭世界各地的商人都十分希望能有機會打入中國市場。可是沙阿劃定國界的習慣已將此貿易之路封閉。因此，當一二一八年載著商人與貨品的篷車隊進入花剌子模北方城市訛答剌（Otrar）的時候，一定看出了又是一個好機會擺在眼前。

就在這個時候，情勢急轉直下，世上很大部分都因此受到影響。訛答剌的總督伊納勒戍（Inalchuq Qayir-Khan）並沒有歡迎貿易代表團，讓他們把駱駝繫好請大夥喝杯茶，反而採取不同策略。他把所有人全都殺害，並將這些人所帶來的物品全都搜刮一空。這是個卑鄙的突襲行動，五百五十人使節團裡只有一人大難不死，因為大屠殺發生時他正在洗澡，就設法躲在澡缸後面。

此事造成舉世震驚，因為如此暴行無視來者的誠心與友好善意，甚至罔顧做人的基本常識。伊納勒戍解釋說他懷疑這一整團都是間諜，實在是太荒唐可笑了。這些商人甚至還都並非蒙古人，反而主要是來自維吾爾地區的穆斯林。穆斯林商人在一條主要通商道路上的一座穆斯林城市裡，居然會被當地政府屠殺，講得含蓄一點，實在是令人心灰意冷，絕對不利貿易做生意。

而且，若沒得到同意，或是沙阿親自下達命令，絕對沒人相信伊納勒戍會做出這麼傷天害理的事情——因為這帝國就是依靠貿易才得以繁榮昌盛起來。

如果還有誰存有一絲一毫想法，認為摩訶末其實想要和成吉思汗有所交流什麼的，全都煙消雲散。不可思議，雖然在訛答剌發生了如此暴行，可汗還是願意給沙阿第二次機會。貿易協定依然是蒙古人的最高優先（首先，連年征戰已經把家鄉的農業破壞殆盡，因此需要向外採購）。因此成吉思汗派出三位特使（一名穆斯林，兩名蒙古人）直接和摩訶末談判，要求處罰伊納勒戍，賠償貨物損失，重歸和平。

沙阿不但沒有道歉，反而把穆斯林特使的腦袋砍了下來，還把蒙古人臉上的鬍子燒掉，讓他們身心受創逃回去找成吉思汗。

為什麼呢？我的意思是說，究竟是為了什麼要這麼做呢？摩訶末真的是因為覺得把他講成日落處是種汙辱，就想要和成吉思汗打起來嗎？

這當然有可能，而且和其他解釋比起來也不會特別蠢。不過在同一時間，值得注意的是，摩訶末的偏執狂還不僅止於此，遠遠超過一點點極度脆弱的男子氣概。這位沙阿是土耳其裔的奴隸出身，往往被穆斯林世界鄰邦波斯和阿拉伯的貴族瞧不起。他的帝國幾乎和成吉思汗的國家一樣年輕，而且內部分裂不統一。他和自己母親關係不好，更是雪上加霜。他和巴格達的阿拉伯哈里發長期不和，現在還懷疑後者與蒙古密謀，要把他拉下王座。（平心而論，納賽爾和蒙古聯手密謀也並非絕無可能，不過這對於所有相關人士來說都是件適得其反的舉動。）一二一七年入侵巴格達失敗那次，摩訶末的大軍試圖翻越高山時在雪中迷失方向，說不定讓他更對自己的軍威不振心存餘悸。

此外，他可能只是低估了成吉思汗對他的威脅。這真是個好例子，告訴各位在匆忙採取行動之前，應等到已盡可能獲得越多情報越好，當光著面頰的蒙古特使回到國內，報告摩訶末所做的各種挑釁行為，沙阿派出的密探則是匆匆往反方向走，要報告蒙古的軍力究竟有多強。一發現自己要面對的敵人有多麼強大，沙阿的反應大概可以這麼表示：「哦，糟了。」

為此成吉思汗登上不兒罕合勒敦山（Burkhan Khaldun），每回要開戰時他都會去這座離他出生地不遠的山上，祈禱整整三個晝夜。然後他送出最終一次訊息給摩訶末，而且這次是直截了當的講，絕對不會被弄錯。他要沙阿「準備打仗吧，我會帶著千軍萬馬，讓你絕對無法招架」。

一二一九年，成吉思汗率領大軍進攻花剌子模。到了一二二二年，花剌子模帝國就從地圖上消失了。

各方估計數字相當分歧，不過看來可汗差不多只有十萬名士兵，而沙阿這方的數量至少是兩倍以上，而且還是在熟悉的自家領土作戰。全都無關緊要。摩訶末決定放棄他的主場優勢不善加利用，躲在防禦堅固的城牆後頭，以逸待勞坐等蒙古大軍，以為敵人不知圍城戰要怎麼打。平心而論，他們還真不會打圍城戰，可是穆罕默德並沒有料到蒙古軍學得很快。第一次圍城戰（當然啦，先進攻訛答剌）持續了好幾個月。之後呢，大多只需幾星期，甚至幾天就攻下來了。

蒙古軍靈活、適應力強、有紀律而且會依據情報行動。成吉思汗把大軍分成兩股，從意想不到的方向攻來，切斷補給線，或是同時奪下多個目標。他們將快速通訊列為第一要務，很容易就可以變化策略，吸收被征服者的策略和武器。而且，他們真的真的十分殘暴無情。

他們以驚人速度橫掃花剌子模。每座被占領的城市都有機會投降，如果投降的話就會得到比較寬大的對待（注意了是「比較」而已）。當然，一切物品都被奪走，不過大部分百姓都可以保全性命。但是如果你堅不投降，或者後來試圖反抗，就會遇到殘暴的回應。

成吉思汗最鍾愛的女婿戰死於內沙布爾（Nishapur），也就是奧瑪．開儼（Omar Khayyam）的誕生地，悲慟欲絕的寡婦得到允許可以決定這個城市的命運：因此城內每個人都被處決（只有少數工匠例外），一萬七千顆頭顱堆成一座龐大的金字塔。這場屠殺歷時十日，然後他們又把城裡的貓啊狗啊也都殺掉，只為了強調重點所在。至於在烏爾根齊（Gurganj），能夠堅守數月之久的少數幾個城市之一，他們打開蓄積阿姆河分支的水壩，放出一波滔天洪水，將整個城市全都沖毀（並且反覆改變河道好幾個世紀，這在之前章節提到過）。順便一提，兩件事都發生在一二二一年同一個月內，這大概可算是史上最悲慘的一個月。成吉思汗了解恐怖害怕的宣傳價值，還發現普遍識字的伊斯蘭世界對此大有助益：他喜歡讓信件傳送出去，講述他征服各地的傳說故事，因為如此一來，就可以增加接下來那幾個城市不戰而降的機會。

在此同時，他也特別留意要尊重宗教，通常會比較寬容對待特別神聖的地方。雖然行事如此殘暴，成吉思汗治下的蒙古帝國令人驚奇地寬容大度，甚至到了一個地步，他定了大概世上有史以來第一條尊重宗教自由的法令。當然，這是有實用效益的：如果對手曉得自己並不是在進行什麼聖戰，就更容易見到投降的好處，而且這就讓各地的宗教少數派都成為潛在盟友。一二二〇年初，穆斯林神學中心布哈拉（Bukhara）陷落之時，成吉思汗下令大肆破壞時要放過大清真寺別碰。他甚至還親自拜訪清真寺——這是紀錄上他一生當中唯一一次真的走進被征服的城市。他喜愛帳篷和開放廣闊的平原，永恆的蒼穹就是他的神，成吉思汗從來未能理解城市除了讓他征服之外還有什麼必要性。

至於摩訶末，他那些令人瞠目結舌的無能外交作為是否促成這一切？困守布哈拉的姐妹城撒馬爾罕，沙阿見布哈拉被攻陷就知道大事不妙。他逃出城，接下來的一年都忙著「斷後」，或直白講就是「流亡」。成吉思汗派出兩萬名士兵，在這殘破不堪的帝國境內四下搜捕沙阿，生要見人死要見屍，未達任務不能回來復命。追兵一直追到裡海畔，然後他又換了好幾座島嶼躲藏。在小島上的時候，身無分文、衣著襤褸又神智不清，摩訶末染上肺炎，死於一二二一年一月。

如果成吉思汗因為讓他震怒的緣由消失了就停止攻擊行動，那麼摩訶末的大名大概只不過是當今歷史書上的一條註腳。問題在於，成吉思汗並沒有停下來。一二二一年他花了整年繼續摧毀花剌子模帝國，而且殘暴的舉動還越演越烈。清除反抗城市全部人口的命令如今已是明目張膽，這在內沙布爾、烏爾根齊和梅爾夫等地就看得出端倪。

而且，一旦花剌子模帝國被瓦解得無影無蹤，成吉思汗……還是繼續下去。可能是因為進行得太過順利，讓他覺得真是輕而易舉，原本無意往西擴張帝國版圖，如今變得極度渴望看自己能征服多少地方。亞洲的伊斯蘭世界大多都被征服了，蒙古人又再往歐洲挺進。一二二七年成吉思汗過世後，他的子孫們還是持續擴張。巔峰時期，蒙古帝國成為史上最大的陸地帝國，從波蘭一直延伸到韓國。

雖然過了幾代之後四分五裂，就像帝國經常容易落入的境地一樣，分解成數個派別彼此爭戰，它的遺緒依然在帝國某幾處持續流傳下來——甚至傳到二十世紀。在布哈拉酋長國，成吉思汗的直系子孫繼續統治，直到近代一九二〇年，要等布爾什維克黨人來此，才總算終結了可汗王朝的統治。（一八三八年，有位名叫斯托達特〔Charles Stoddart〕的英國士兵來此出一項外交任務，試圖說服布哈拉成為大英帝國的旗下一員，相當諷刺地就重現摩訶末的荒唐往事：不知何故隨便侮辱埃米爾・納什努拉可汗（Emir Nasrullah Khan），就被扔進一個所謂的「蟲坑」裡，在那極不舒服的地方待了好幾年可怕歲月，最後被救出來之前，連肉都給蟲子吃了。別胡亂玩弄可汗啊。）

蒙古征服過的很多地方，其文化、歷史和著作都被完全摧毀，全部人口被迫遷徙，而且死亡人數高達數也數不清的好幾百萬人。當然也是有正面的好處，算是吧：整件事為之而起的那些貿易通路因而統一並確保穩定，導致橫跨歐亞大陸的文化交流，有助於讓歐亞大陸的多數地方迅速進入現代。負面影響則是除了文化之外也會交流疾病，像是腺鼠疫也包括在內，又殺死好幾千萬人。

這全都是因為某位自尊心脆弱的傢伙認為外交是輸家才搞的東西，而且單純要求通商協議，一定有什麼邪惡陰謀暗藏其中。阿拉烏丁・摩訶末，你真的搞砸了啊，我兒。

另四個令人印象深刻的國際關係失敗案例

✪ 阿塔瓦爾帕（Atahualpa）

這位印加統治者在一五三二年面對西班牙征服者的時候，犯下和蒙特蘇馬一樣的錯誤，不同之處在於，他與西班牙人會面之前喝得酩酊大醉，還帶著軍隊落入相當明顯的圈套裡。

✪ 沃蒂根（Vortigern）

此名五世紀的英國統治者，在羅馬人撤走之後沒法抵擋皮克特人（Pict），據說他邀請撒克遜人傭兵留下來幫他打仗，撒克遜人決定乾脆把他推翻取而代之。

✪ 弗朗西斯科・索拉諾・羅培斯（Francisco Solano López）

巴拉圭領導人，居然把他相對較小的國家拉去和大得多的巴西、阿根廷和烏拉圭開戰。據估計，國內死亡超過總人口一半。

✪ 齊默爾曼電報（Zimmerman Telegram）

一九一七年德國發了一封機密電報給墨西哥，提出如果美國加入第一次世界大戰的話，德、墨兩國可結成軍事同盟——還承諾會把德州、新墨西哥州和亞利桑那州分給他們。英國攔截到這封電報，結果更促成美國參戰（而且墨西哥對此一點都不感興趣）。

9

他×的科技熱

我們一直有股止不住的強迫驅動力，要去探尋地平線那一端的新領域（我想本書應該已經提過了），就成了足以界定何謂人類的一大特徵。正是要去探險、要去發掘新知識的這股衝勁，驅使NASA在一九九八年將火星氣候探測者（Mars Climate Orbiter）發射進入無垠、深邃、黑暗無物的太空裡。

過了幾個月，火星氣候探測者的結局是撞上一堆石塊，真是太蠢了。

這是個驚人的示範之作，展現出人類有能力可以一次又一次犯下根本相同的錯誤，距哥倫布把測量單位搞錯，總和不對結果只能抵達美洲登陸上岸，不過才五百多年而已，探測者背後那些人把測量單位搞錯了，總和不對結果墜落撞上火星地面。

人類歷史漫長旅程的下一步大邁進——科學革命，是在十六世紀開始於歐洲各地哲學家們彼此的書信往來之間。首先，這並不怎麼算是一場革命，反倒是個補救教學；有許多只不過是重新發現先前文明早就研究出來的知識。不過，接下來幾個世紀和全球性的旅行、征服與貿易興起（一直渴求新知識新技術）等攜手並進，就讓我們對於世界的認識大幅擴張。它不只帶給我們許多的科學，就連科學這個概念也是它帶來的，是一門具有自己方法的特殊學問——而不僅只是「有點想法」的變化形式。

科技變化的步伐持續加速，直到十七和十八世紀英國北部的各處城鎮由於奴隸種植園而來的廉價美洲棉花加薪添柴，發生另一場革命。這次是製造方法的革命，機器興起因而得以大規模生產——這將會擴展到全世界，並永久改變都市、環境、經濟，還能在喝得醉醺醺的凌晨三點從 Amazon 網站上訂購一台泡腳機。

科學、技術以及工業時代的曙光帶來眾多機會，我們的祖輩絕對想都想不到。不幸的是，它們也讓人類有機會以之前想都想不到的規模大大失敗。哥倫布把測量單位搞錯的時候，至少還局限於在地球表面上出了錯。如今，火星氣候探測者的不幸故事已經表明，我們還會在太空裡把事情搞砸。

探測者的失誤，要到任務開始了好幾個月之後才被發現，當任務控制中心想要微調太空船的飛行路徑，讓它保持在軌道裡的時候，開始出現並不想要有的效果。不過，究竟錯得多離譜，一直要等到太空船抵達火星，並且想要進入繞行軌道卻幾乎立刻和地面控制中心失去聯絡的時候，才變得明白。

後來的調查揭開了事情真相：探測者用的是公制單位牛頓秒來度量「脈衝力」（操縱時要施加的推力總量）。可是，由某家協力廠商提供的地面電腦，所用的軟體卻是以英制的秒來計算。每回發動太空船引擎，所得效果就是他們所以為的四倍以上——結果就是火星探測者最後距火星表面要比原本以為的更靠近好幾百哩。當它試著進入繞行軌道的時候，反而是猛然衝入大氣中，這艘最先進、價值三億兩千七百萬美元的太空船，幾乎是立即一頭撞成碎片。

那一定讓NASA灰頭土臉，不過如果他們知道自己並不是科技方面搞砸的唯一特例，也許會感到安慰些。另一個例子並不是來自太空競賽，不過這場完全不同類型的競賽，卻將美國內各地的科學家們都捲入其中，一九六九年當時是要和蘇聯科學家競爭，試圖揭開一件革命性發現的謎團：一種全新型態的水。

那時正值冷戰高峰期，而且那種要在意識型態上一決勝負的態勢，並不只限於地緣政治的種種操作、核武邊緣政策，以及暗中進行的間諜活動。冷戰還生出共產世界與資本主義陣營之間的競爭，要展現各自的科技威力。新發現以及技術上的突破，都以令人頭暈目眩的速度一直出現，而且總是害怕會遠遠落後敵人；當年七月，就會有一個人類登上月球表面漫步，全都是美國政府受到蘇聯往太空發展的一連串領先紀錄震撼而有所反應。

就在這一些雄偉、適合拍成電影的眾多突破當中，新型態的水一開始看來只不過是個小小漣漪。一九六一年，一位名叫尼可萊．費德雅金（Nikolai Fedyakin）的科學家，在距主要科學重鎮很遠的鄉下研究所初次發現這個現象，直到莫斯科物理化學研究所的鮑里斯．狄亞金（Boris Deryagin）注意到此事，才了解它的重要性。狄亞金很快重做一次費德雅金的成果，毫無意外，他很高興地開始將此發現占為己有——不過，在蘇聯境外，這事還是沒什麼人感興趣。一直等到一九六六年他在英格蘭的一場學術會議上提出這項發現，國際社會才猛然覺醒開始密切關注。競賽就此展開。

一開始被稱做是「非常態水」或「特製水」，它具有許多神奇的性能。強迫一般的水流經超細、超純的石英毛細管製造而成，費德雅金和狄亞金發現這過程不知何故使得水重新排列，大幅改變其化學性質。非常態水並不會在攝氏零度凍結，凝結點降到零下四十度；它的沸點更誇張，至少是一百五十度或可能還更高，說不定高達六百五十度。它要比水更黏稠，幾乎算不上是液體，更濃厚更油膩——有些人形容像是凡士林一般。如果你用一把刀切它，還會留下切痕。

首先在英格蘭，然後是在美國，科學家們開始著手重做他們的實驗。這程序相當困難，因為要用到毛細管，就表示一次只能製作出極少分量。有些實驗室根本沒法掌握這個技術，然而另有一些往前跑得飛快，製出更大量的非常態水。就在美國的一間實驗室裡，又出現了另一項突破性的發展：合成了夠多的非常態水，他們就有辦法進行該物質的近紅外線光譜分析。一九六九年六月，其結果發表於極負盛名的《科學》期刊，比阿姆斯壯登月還早了一個月，而且這篇論文讓研究這物質的競爭進入全速狂飆階段。該論文不僅證實這種水的性質和一般的水天差地遠，它還提出一個解釋：實驗結果顯示，這是一種聚合態的水，個別的 H_2O 分子聚在一起形成大型鏈狀網格，使它更加穩定。因此，「非常態水」就換成我們現在所知的名稱：「聚合水」。

聚合水的發現「絕對會對化學帶來革命性影響」，一九六九年十二月號的《大眾科學》（*Popular Science*）如此寫道，還長篇大論談及可能運用在冷卻系統，當成引擎的潤滑劑，或作為核反應器的中子減速器。論文還能解釋許多自然現象：聚合水可在黏土中發現，這就解釋了為何黏土可保持糊狀的延展特性，直到用超高溫加熱足以將聚合水移除。聚合水也可能是諸多天氣現象的原因，小量的聚合水就是雲成形的種子。而且它還會存在人體內。

聚合水的發現似乎導致一個全新的化學分科出現，因為有些實驗室報告宣稱他們已能設法生產出其他重要化學液體的聚合版本：聚合甲醇、聚合丙酮。或者，更可怕的是，還有些顧慮來自於它可能具有軍事用途，甚至本身就是一種武器：聚合水的結構就表示它的能態要比正常的水更低，因此聚合水與普通水接觸時說不定會引發連鎖反應，誘使日常的水也重新組合排列，採取這種聚合型態。把一滴聚合水加進具有重大戰略意義的水庫或河川，依照以上理論，就有可能會將全部水體都加以轉換，把這些水全都變成一灘黏稠的漿液，全國的供水系統就這麼被毀了。

就在《科學》那篇論文發表前夕，美國政府也插上一腳。CIA的探員詳細盤問與此論文相關的研究人員，急著要確保一切的突破進展都能保留在美國人手裡。從《紐約時報》到小鎮的地方報，媒體全都緊張兮兮地在討論聚合水：美國是否落在蘇聯之後了呢？聚合水研究成了最高優先，還為它撥出經費。光是一九七〇年，就發表了數以百計的科學論文探討這個主題。一九六九年的一篇《華爾街日報》在國家經費動用前夕寫道：「大好消息，總算能鬆口氣了。美國顯然已經迎頭趕上，而且五角大廈正出錢出力推動本國的聚合水技術，超越蘇聯。」

講到這，各位大概已經猜到是怎麼回事了吧？我的意思是說，本書已經進行好一陣子，這會兒大家應該相當明瞭聚合水的故事到最後絕對不會是項科學的勝利，大家互相拍肩道賀，全都得到諾貝爾獎。可是一直要到一九七〇年代初，世界各地最優秀的科學家在最棒的實驗室裡做了好多年研究，才明白真相為何：

根本就沒有聚合水這種東西。完全是無中生有。

費德雅金和狄亞金的發現，還有全世界各地的科學家耗費多年光陰努力追求、認真反覆重做，並以各種方法探討的這種東西，用更精確的術語來描述就是「髒水」。人們以為聚合水所具有的一切神奇特性，結果都只是些滲入原本以為純淨的器材裡的不純雜質。

持懷疑立場的美國科學家丹尼·盧梭（Denis Rousseau），用幾滴自己的臭汗就幾乎完美重現聚合水的驚天動地分析結果，這汗還是打完手球比賽後從T恤擰出來的呢。冷戰時期各大強國忙不迭急著要掌握控制的神祕物質，就是這玩意：臭汗。

真噁。

並非不曾出現大量的懷疑聲浪——好多科學家都覺得這項發現聽起來就怪怪的，還有一位甚至公開宣告，如果聚合水是真的，那他就要退出化學研究不幹了。然而，要否定什麼東西往往相當困難，特別是如果心裡一直有個潛藏的恐懼，害怕你的聚合水沒有出現聚合水應該有的樣子，只是因為你一開始就沒有正確製造出聚合水。首先，要製造稍微多一點的聚合水就已經相當不容易，再加上冷戰期間科學研究的那股熱勁，就使得全球各地的科學家只看得見人家要你看的東西，並且戲劇性地過度解讀模稜兩可或矛盾的實驗結果，整個事件就是一廂情願所導致的科學。

推翻了聚合水存在的第一篇論文公開之後（一九七〇年，同樣刊於《科學》），要過好多年才讓每個人都總算承認整件事是場錯誤。一九七一年，其中一位參與最終反證聚合水的科學家艾立遜．泰勒（Ellison Taylor），在橡樹脊國家實驗室（Oak Ridge National Laboratory）內部刊物這麼寫道：「〔我們〕從一開始就知道他們是錯的，而且我認為很多沒有涉及其中的人也是這麼想的，可是主要的鼓吹者並不願意承認這點。」《大眾科學》甚至還在一九七三年六月號刊登了一篇文章，標題為〈如何自製聚合水〉（副標是〈有些專家宣稱這稀有的物質並不存在，不過本刊教你如何收集到夠多分量，足以自己進行實驗〉）。

像是這類的事情，發生過不止一次。當然，科學剛開始的那幾百年（甚至是在科學尚未被發明出來之前），就充斥著後來證實完全錯誤的通俗理論——十八世紀時是燃素說，認為所有可燃物裡頭都含有這種神祕的物質，而且會在燃燒時釋放出來；到了十九世紀，則是透明的「乙太」，這種肉眼見不著的東西遍布於整個宇宙，讓光能夠傳播。可是這些理論有個特徵，那就是至少試圖想要解釋當時科學無法解釋的某種現象。或多或少，也還算得上是科學運作的方式。

科學的整體紀錄相當不錯，正因為（至少在理論上）它是以人類感受得到、可自我否證的假設為出發點，認為我們對於世界如何運作的猜測絕大部分都是錯的。科學試圖往大致正確的方向逐步移動，但是它的方法是透過緩慢過程漸漸一點一滴錯得越來越少。據假設，它的運作方法如下：你對於可能的世界運作方式有個想法，為了看看是否有機會為真，你十分努力嘗試要證明自己錯了；如果無法證明自己錯了，就再試著證明自己錯了，或換個方式證明自己錯了。過一陣子，你決定昭告天下你沒法證明自己錯了，這時所有人也都試著要證明你錯了；如果全部的人也都沒法證明你錯了，那麼慢慢地人們就會開始接受或許這是對的，或者至少要比其他可能選項錯得少些。

當然，實際運作起來並非如此，科學家並沒有比任何其他人更不容易落入險境：只認為他們的世界觀才對，而忽視與此矛盾的東西。正因為如此，科學的架構（同行評審、可重複驗證等等）搭好了讓人運用，以阻止上述狀況發生。可是這離萬無一失還差得遠了，因為群體迷思和跟風趕流行，以及政治壓力和意識型態迷障，也都是科學要面對的課題。

因此，就會有一大群不同國家、不同機構裡的科學家，全都相信他們可以見到同樣那個想像出來的物質。聚合水的傳奇故事不是個孤例：比它更早六十年前，科學界就曾經因為發現了一種全新型態的放射線而被弄得團團轉。那些了不起的新射線（最終發現全是想像）被稱之為N射線。

N射線是在法國被「發現」，名字是取自南錫（Nancy），第一位發現它的科學家就是在此工作，而發現者雷恩·布朗洛（René Blondlot）是一位獲獎無數的研究人員，大家都說他是位卓越、勤奮、根據實驗講話的科學家。時為一九〇三年，距發現X射線在科學界掀起陣陣波濤還不到十年，因此人們很習於期待還可能會在這兒、那兒或任何什麼地方有新型態的射線被發現。此外，就和聚合水的情況一樣，這裡頭還有相當可觀的國際競爭在其中——X射線是在德國發現的，所以法國也急著要沾上一點邊。

布朗洛一開始是偶然之中發現N射線——事實上，那時他正在進行X射線的研究。他的實驗器材用到的是一小個電火花，如果有射線掃過會變得比較亮些，結果他注意到，在不可能被X射線影響的狀況下，小小的電火花突然亮了起來。他更深入探討，蒐集更多證據，並且在一九〇三年的法蘭西學院大會上對外公開他的發現，很快地，科學界有一大群人都陷入N射線狂熱當中。

接下來好幾年，共有超過一百二十名不同科學家發表了超過三百篇不同論文，討論N射線的不尋常性質（布朗洛自己就發表了其中的二十六篇）。N射線展現出來的性質確實相當有意思：它們是由特定型態的火焰、一塊加熱的鐵板還有太陽生成。它們也會由活生生的東西生成，布朗洛的同事奧古斯丁．夏蓬特（Augustin Charpentier）發現：可由青蛙和兔子、二頭肌還有人腦生成。N射線可穿透金屬和木頭，還可以沿著銅導線傳播，可是會被水和岩鹽阻隔。它們可被儲存在磚裡。

不幸的是，並不是每個人都能十分成功生成並觀察到N射線。即使布朗洛很詳細描述他所用的方法，許多著名科學家根本沒法見到X射線。可能是因為它們太難偵測了：這時布朗洛已不再用電火花來偵測，反而改採磷光紙，如果暴露於N射線就會發出淡淡的光。問題在於磷紙亮度的變化頗微弱，最好是在完全黑暗的房間內進行，而且要等到實驗者已讓眼睛適應黑暗大概三十分鐘之後才成。呦，如果你並不直接盯著磷紙看的話最好，反而要用眼角餘光掃視。

理所當然，在暗室裡坐了半個鐘頭之後，還要注意視界邊緣處的極弱微光，就有可能被自己的肉眼騙了。

有許多人對N射線抱持懷疑態度，不得不注意到N射線狂熱有個相當明顯的特徵：基本上所有能夠做出N射線的科學家都是法國人。在英格蘭和愛爾蘭有幾個例外；德國或美國根本沒人能夠見到一眼。這導致的不僅是懷疑了，而是擺明的為此動怒：法蘭西學院為其成就頒給布朗洛法國科學界最高榮譽的同時，頂尖的德國放射線專家海恩利希·魯本斯（Heinrich Rubens）蒙皇帝召見，要重做布朗洛的實驗，浪費了兩個星期的時間，結果卻徒勞無功，搞得灰頭土臉。

這一切促使一位美國物理學家羅伯特·伍德（Robert Wood）利用他到歐洲參加學術會議的時候，順道拜訪布朗洛在南錫的實驗室。布朗洛很高興地接待伍德，還示範最新的突破進展給他看；伍德心裡卻另有盤算。N射線最奇怪的性質當中，有一項是它似乎能夠透過鋁質三稜鏡折射，就像光穿過玻璃三稜鏡時那樣，在紙上形成一個光譜圖案。布朗洛滿心歡喜急著要把這展示給伍德看，把光譜圖案出現處的測量值大聲唸給他聽。接著伍德又請問他是否願意重做一次實驗，而布朗洛很快答應了，這時伍德將這實驗加了一條貨真價實的控制變項——或者換個方式說，好好捉弄了布朗洛一番。

在黑暗裡，他趁布朗洛不注意，伸手把稜鏡揣到口袋裡。布朗洛並沒有發現他的實驗器材如今已少掉一件關鍵要素，繼續唸出光譜的波長數字，但是這如今根本不應該還有什麼光譜出現。

一九〇四年秋，伍德寫了一封彬彬有禮但毫不留情的信件給《自然》期刊，總結他的發現如下：「花了三個多鐘頭到現場親眼目睹各種實驗，我不僅無法說有任何一項觀察結果能指出這射線存在，反而十分確信，得到肯定結果的少數幾位實驗人員不知何故是被騙了。」這篇通訊刊出之後，人們對N射線的興趣一落千丈，雖然布朗洛還有幾位真正相信的人還繼續努力苦幹，決心要證明他們並不是花了那麼多時間在研究一種幻象。

聚合水和N射線的故事都帶有警示意味，要我們當心就算是科學家也和大眾一樣會受偏見影響，不過這也是兩則科學工作的寓言。回過頭來看，雖然兩個事件造成的過度興奮，對許多資格絕對符合的專業人士來說相當尷尬，兩項狂熱都沒能持續超過幾年，懷疑論還有對於堅實證據的要求終將得勝。加油啊，各位。

不過，如果它們相對而言並沒有造成傷害，那麼還有許多例證表明虛假科學已經造成的影響，不僅是讓某些人的名聲受損這麼簡單。舉例來說，譬如像是法蘭西斯．高爾頓（Francis Galton）留下的遺緒。

高爾頓毫無疑問是位天才、博學家，但他也是位令人毛骨悚然的怪人，他所抱持的可怕想法導致十分恐怖的後果。他是達爾文的表姪，在多個學術領域都有重大突破——他是科學統計的先驅，包括了發明相關性的概念，而且他在氣象學和法醫學等各門學科的創見依然留存至今，比如像是氣象圖、利用指紋認人之類。

他很喜歡測量東西，還要把科學原理套用在任何事情上面——《自然》期刊登出的通訊，就包括有一篇是在估計一幅畫總共用了幾筆完成（為畫肖像長時間枯坐感到無聊後做的），一九〇六年的另一篇，標題是〈以科學原理分切一個圓形蛋糕〉（長話短說：別切成楔形，實穿中間切成薄片，這樣就可以把剩下的兩半往裡靠攏，避免乾掉）。

但是這股強迫心理沒有就此善罷甘休，不僅是要想出一些極度英式午茶風格的生活小技巧那麼單純。高爾頓還有些惡名昭彰的研究，譬如有一項是巡迴英國的城鎮，想要做一張地圖載明哪兒的女人最美。他會坐在一處公共空間，運用隱藏在口袋裡稱為「堆草機」的道具——一個套管內有根針，能在一張做好標記的紙上打孔——以便記錄每位路過的女士在他看來擁有多少魅力。這計畫的最終成果就是一張本國的「美女地圖」，就跟天氣圖差不多，圖中顯示倫敦的女子最誘人，而亞伯丁（Aberdeen）的女子最不吸引人。依據一位變態統計學家的品味，用藏在口袋裡的針偷偷摸摸記錄女人的性吸引力，恐怕並不是什麼客觀的測量方法。

想要測量人類特徵的強烈欲望，再加上完全不尊重被測量人士的真實人性，正是這幾個特質結合起來，導致高爾頓做出對於科學界最為惡名昭彰的貢獻：他是「優生學」的倡導者，其實還是他新創了這個詞。高爾頓堅定相信天才完全要靠遺傳，而且一個人的成功完全來自他們的內在天性，而非出於運氣或環境因素。因此，他相信應該鼓勵被認為適合生育的人彼此結合，最好是利用金錢獎賞為之，以便改良人類品種的素質；至於那些不討喜的，例如像是弱智者或窮人，應該強烈勸阻不要傳宗接代。

二十世紀初，全球都接受優生學運動，而高爾頓（如今已近生命盡頭了）被奉為英雄。美國有三十一州通過強迫絕育法——六〇年代最後一條總算被撤銷之前，美國境內超過六萬名住在心理療養機構裡的人被暴力強迫絕育，絕大多數是婦女。瑞典想要提倡「種族衛生」時，也有差不多數目的人被絕育，而這法律要到一九七六年才被撤銷。當然，還有納粹德國……嗯，你也曉得發生了什麼事。如果高爾頓活得夠久，能夠看見以他所創造之「科學」為名義做了哪些事，一定會大為震驚，但那並不會使得他最原初的想法錯得沒那麼離譜。

或者，可看看李森科的例證，這位蘇聯的農業科學家想法錯得離譜，導致蘇聯和中國兩地皆鬧起饑荒（如之前第六章所討論）。和高爾頓不同，李森科甚至沒有做出什麼實際合法的科學進展，可和他留下的遺緒相提並論。他只是錯得非比尋常。

李森科出身於貧窮家庭，卻能在蘇聯農藝學界平步青雲，這都多虧早期成功刺激種子生長，不須先播種越冬。最後他成為史達林的最愛，讓他擁有足夠權力開始把自己的想法強加在蘇聯科學界的其他人身上。

這些想法並不正確——甚至還差得遠了——可是比較能夠吸引李森科與其共產黨高層的意識型態偏見。雖然到了一九三〇年代，基因遺傳學已經是門相當完備的學科，李森科依然完全棄而不用，甚至否認有基因存在，他的根據是如此說法支持個體主義世界觀。基因遺傳學認為生物體的行為固定不變，而李森科相信改變環境可以改變有機體，並且把這些改進之處傳給下一代。只要有正確的環境，甚至一種穀物可以變成另一種。他指導農民應該要將作物種得更為堅密些，因為同樣「階級」

的植物絕對不會彼此競爭搶奪資源。

這幾個說法沒一個對，而且更嚴重的在於它們錯得太過明顯，因為試圖將這些想法付諸實行，結果導致大量作物死亡，證據再明白不過。這並不能阻止李森科維持其政治權力，並且讓任何批評全都消音——做得絕了，有成千上萬其他蘇聯科學家被解雇、關入大牢，或甚至如果拒絕放棄基因遺傳學的話就被殺害。若不是一九六四年赫魯雪夫被迫交出權力，其他科學家總算設法說服黨相信李森科是個吹牛皮的傢伙，結果就被悄悄換掉。李森科留下來的遺緒是更添數百萬名死者，而且還讓蘇維埃世界的生物學領域發展倒退數十年。

不過，要是說李森科在生物學上犯的錯都是因為共產黨才有可能，那麼，接下來的例子就純粹由於資本主義造成——這位仁兄居然有辦法一連犯下科學史上兩個災難性的大錯，而且是在十年內先後發生的。

走偏的含鉛汽油

一九四四年，才華洋溢的化學家暨發明家湯瑪斯・米基利（Thomas Midgley

Jr.）死在家中床上，享年五十五歲，他有好幾項發明大大改變了現代世界的樣貌。

你可能會以為，死在自家床上應該算是安詳辭世。可不是這麼回事哦。由於幾年前一場小兒麻痺症大流行，他自腰部以下癱瘓不能動——而且他討厭被抬來抬去的那種屈辱感——所以就將創造發明的才華充分運用，做了一套精巧的滑輪系統可以自己上下床。一切都運行得相當順利，直到十一月的那天，出了點狀況，被自己那套裝置的繩索纏住絞死。

米基利的死法真是夠慘夠諷刺的了——但那還不是本書要講他故事的原因。難以想像，他這一生犯過那麼多錯，被自己發明的東西殺死在床上甚至還排不上前兩名，那才是他被收進本書的最大原因。

事實上，不管用什麼標準來看，他都可以名列有史以來最會製造災難的人。

米基利生性安靜、聰明，大半輩子都住在俄亥俄州哥倫布市。他出身於發明世家，雖然並未受到化學訓練，卻在各個領域都展現出解決問題的高明手法——一方面是透過對於議題的系統化檢驗，另一方面是他習慣窮追不捨頑固地提出各種方案，不找到解答不罷休。

一九一〇及一九二〇年代，他的研究課題是引擎的「爆震」——引擎會一抖一抖的困擾一直無法解決，如果置於極端工作條件之下情況更嚴重。這現象不僅使得早期的汽車引擎很差，也降低燃料效率，當時已開始擔心世上的石油供給會提早用罄，就成了個很大的顧慮。

米基利和他老闆查爾斯・凱特靈（Charles Kettering）懷疑爆震是由於所用燃料不均勻燃燒所致，而非引擎設計的根本缺陷。因此他們著手開始嘗試，想要找一種添加劑能減少這個作用。一開始，由於沒什麼來由的原因，他們不知為何鎖定一個想法，認為解決之道在於要是「紅色的」。米基利去找紅色染料，但是實驗室裡啥都沒有。不過，有人跟他說碘有些紅紅的而且能夠在油裡充分溶解，因此米基利八成就抱持著「哦，管他那麼多」的心態，在汽油裡添了一些碘，加進引擎。

還真管用。

這完全是狗屎運，不過他們歪打正著，證明自己的方向沒錯。碘本身並不是個實用的解決辦法：又貴又很難製造出他們所需要的分量。可是這成果已足以說服他們，繼續朝這個方向努力。接下來幾年，他們什麼都拿來試，差不多有一百四十四至三萬三千種不同的化合物——這數字要看你信的是哪一份公司報告。如果你覺得範圍大到看似毫不精確，其實呢，在背後支持的公司講得這麼模糊是有原因的。原因在於他們最後決定用的添加物是鉛（更明確地說，一種稱為四乙基鉛的液體，縮寫為TEL），而鉛具有劇毒。別的不提，它會造成高血壓、腎臟病變、胎兒畸形以及腦部受損，對於兒童特別有害。

米基利的故事往往被當作是「無心插柳」的例證來講，不過……事實可不是這樣。當然，「毒害世界各地整個世代的人類」並非他本意。不過同樣的，製造含鉛汽油並將它普及化的相關人士，沒有誰能說「哦，糟糕，真是個可怕而無法預見的意外啊」。

鉛的毒性並不是什麼新發現——人們已經曉得這道理好幾千年了。（還記得羅馬人用什麼做供水管線嗎？）就在一九二三年初第一座加油站開始供應最新的抗爆震汽油之前，醫學專家就提出警告，說這真是非常非常可怕的辦法。美國衛生署的威廉・克拉克（William Clark）就寫了一封信，表示使用四乙基鉛「對大眾健康構成重大威脅」，並且預測（完全正確無誤）「很有可能氧化鉛細塵會留在最底層」。

一九二四年一項更讓人沮喪的確切預測，有名位居領導地位的毒物學家預見「鉛中毒會在不知不覺當中持續發展……大眾和政府覺醒之前，加了鉛的汽油幾乎會被大量廣泛使用」。

而且事實上，鉛似乎並非唯一可用的解決方式。自從發現碘開始有所突破之後過了好多年，米基利的團隊已經找到許多有效抗爆震的化學藥劑。其中有一種簡單得讓人精神為之一振：乙醇。這東西本身也是一種燃料，你常喝的酒精不僅可以用來消毒傷口、暫時清洗心理創傷，拿來當抗爆震添加劑也有相當好的效果——此外還有優點，大量製造又便宜又方便。

事實上，多年來米基利的團隊一直支持乙醇是最理想的引擎爆震問題解決方案，那麼，為什麼他們捨此不用，反而挑上一個大家都曉得毒得要命的物質？你要是知道真相保證會嚇一大跳：全都是為了錢。

乙醇的麻煩在於它的製作太簡單又太便宜，而且，最重要的是，它不能申請專利。凱特靈的公司德爾科（Delco），已在一九一八年被車業巨霸通用汽車公司買下，他所領導的團隊就承受壓力，要表現出他們有能力賺錢，不能只是一堆不切實際的胡思亂想。至於乙醇——這東西太容易製造，人們在家就可以自己來，沒法轉變成一種獨家販售的商品——根本不符這個目的。因此他們就找上鉛。

如果你以為可憐的米基利只是一位無害的發明家，作品被某些心懷不軌的財閥拿去亂用：才不。事實上，正是他提出建議，還強烈推薦。他甚至還做了些計算，得出他們可對TEL燃料每加侖多收三分錢，並預估運用強力廣告活動就能搶下二○%的汽油市場。至於這方面，就像許多其他事情一樣，他錯在大大低估其產品的衝擊：僅十年之間，四乙基鉛汽油——用「乙基」（Ethyl）為商品名上市，巧妙避開「鉛」這部分不提——實際上已經奪下八○%的美國國內市場。

自始至終，通用汽車公司和米基利都堅稱它安全無虞，即使有很多可稱之為「警告標誌」的狀況出現，而且都是些超大、閃閃發亮的霓虹警告標誌。例如，一九二三年二月，乙基首度上市販售，米基利自己就因為鉛霧導致健康欠佳，得要休假整整一個月沒法工作；而製造這種燃料的工廠，一直有大量工人死亡。五位工人在紐澤西州的Bayway工廠因為鉛中毒死亡，還有三十五人住院，其中有很多由於鉛的神經毒素作用變得精神不正常——「病人變得極度瘋癲，大吼大叫，在床上跳來跳去，破壞家具，行為舉止就像是精神錯亂發作」，一則報導如此記載。紐澤西州Deepwater工廠有六名工人死亡，在那裡鉛所導致的幻覺十分常見，以至於工人們把工廠改名叫做「瘋人房」。這些死亡案例還讓它登上了《紐約時報》的頭版。面對一場公關危機，乙基的銷售被叫停，美國衛生署長急忙召集委員會，判定其安全性。

接下來，經過若干企業運作，幾乎可成為二十世紀後來各產業搞砸時的樣板，

「乙基汽油實業」（Ethyl Gasoline Corporation）的幕後公司：通用汽車、標準石油以及化學鉅子杜邦使出手段，把公關危機轉化成公關贏局。

這正是個經典範例，應該負起責任的人避重就輕實問虛答。大眾對於製造階段死亡案例的關心如此強烈，以至於到後來這就成為衛生署長召開委員會真正獲得裁決的唯一議題。公司保證會在工廠裡採取額外安全措施——米基利在聽證會上表示，TEL「並不是那麼危險的毒素，只不過是具有潛在危險性罷了」——委員會被說服了，決議不要禁止其製造。更大的問題在於它對吸入廢氣的大眾有何影響，根本懸而未決：也就是說，用的是由來已久的老招，留待進一步研究。然而，委員會的決議在大眾和政治人物的眼裡看來，就像是含鉛汽油已經得到一張健康證明。

如果你還在想什麼是「進一步研究」，接下來四十年，幾乎所有研究不是由製造含鉛汽油的公司提供經費，就是由它們自家員工做的。令人大為震驚，研究沒有定論！這正是TEL製造商們所要的結果，有藉口讓這議題保持開放未決，停止販售這種讓很多人美夢成真的好東西，真的真很糟而且不好。

這全都是因為，一旦含鉛汽油得到他們所認為的清白證明，那就沒法可管了。它不僅讓汽車引擎不再爆震，還讓全新一代更強有力的引擎能夠發展出來，讓汽車由實用但醜陋的老舊模樣搖身一變，成為每個人都想擁有的快捷、穩當、時髦產品。有一則挑釁的廣告攻勢，針對的是害怕如果沒有使用含鉛汽油就會讓車子既慢又遜；對手的競爭產品，包括用乙醇的——正是米基利團隊鼓吹多年的同一種物質——全都被笑作是次級品。其他國家要引進含鉛燃料而出現健康顧慮的時候，「美國人已經說它ＯＫ啦」就被拿來壓制這些疑懼；衛生署長休伊．庫明（Hugh Cumming）甚至和外國的衛生主管官員溝通，跟他們說這東西真是無比安全。

在背後支持的有：某些糟透的邪惡科學、貪婪要賺錢的欲望，而且強勁的汽車又酷又跑得遠，含鉛汽油很快成為世界各地的標準。由於石油開採業的進展，一開始促成抗震劑研究的燃料短缺假設並未成真，反而是從鉛得來的好處全都轉向製造更強而有力的引擎。汽車時代由此展開，放眼全球，越來越多人開始吸進含鉛廢氣。

鉛的問題在於它不會分解。有些毒素會隨時間變得比較沒那麼危險，鉛卻會累積——在空氣中、土壤裡、植物、動物和人體內。一九八三年，英國的環境汙染皇家委員會做出結論，認為「恐怕地球表面任何部分或任何生命型態，都免不了被人造鉛汙染」。兒童的身體特別面臨風險，因為他們吸收進體內的鉛量要比成人多五倍。光是在美國，據估計，一九二〇至一九七〇年代之間就有大約七千萬名兒童的血中含鉛值達毒性劑量。

鉛的作用十分嚴重。世界衛生組織估計，全球已有約五十萬人死於鉛中毒相關疾病，例如像是心臟病。除了對身體健康有影響，鉛也會破壞兒童的神經發展——導致受影響的人口ＩＱ水準低落，據估計在全世界造成超過一二%的發育性智能障礙。

它也會造成行為問題，例如像是反社會行為，這導致米基利的產品最讓人害怕不安的可能後果。我們得要聲明，截至目前這還只是個未經證實的假說，不過有許多研究者已經指出二次大戰後那段期間，世界各地犯罪率大幅飆升的時刻和鉛汙染的增加相當符合。

我們得要了解，由於高犯罪率所致，許多我們不以為意的文化設想——凶暴的青少年、內城的恐怖景象，還有九〇年代大家在講的「超級掠食者」——其實是歷史上的異常特例，一次難以解釋的全球發作，而今似乎（希望是）已成過去。可是一個又一個國家可作為例證，不論它們的社會條件或政治走向，犯罪率在含鉛汽油被引進該國之後幾十年開始飆升——換句話說，開始大量暴露於鉛的第一批孩子們到了青少年、二十多歲年紀的時候。而且，這相關性在相反方向也適用：過去幾十年可見到世界大多數地區的暴力犯罪已有持續減少，這也同樣和各個國家可能實施的社會政策沒有關係。但是犯罪率的下降，似乎是在各個特定區域開始禁止汽油加鉛差不多二十年之後發生——早些禁止加鉛的地方就發生得早些，突然完全禁絕的就要比逐步停用的地區更快些。

再度重申，相關絕非因果，而且這依然不過只是有根據的臆測。如果你試圖把鉛注入兒童體內，然後等二十年看看會有多少犯罪，這會涉及道德問題，所以無論如何恐怕都不能得到證明。但是除了約五十萬人因而死亡，而且我們把地球上每個角落全都汙染了，而且好幾代的孩子血液都含有毒素，會影響他們的智力（順便一提，這幾個世代就是過去四十年掌管世界局勢的那批人），很可能我們已造成持續幾十年的犯罪激增，還重塑我們對於社會的觀感，全都是因為米基利想要每加侖多賺三毛錢，這真是……很長而且很黑暗的笑話。

米基利自己在發明了含鉛汽油之後並沒有閒著，他更起卯起勁來，很快就轉往另一個領域研究——而且還有第二個滔天大錯等著他呢。

和之前經年累月找尋更好的燃料不一樣，這次的成果來得很快。事實上，依據公司內部傳說，米基利只花了三天時間就得到解答。而且和鉛不一樣，這次的東西講實在話是不經意得到的成果：並沒有可怕的警示要去忽視，也沒有什麼危險需要遮掩。這只是個假設性的產品，缺乏任何證據，一切應該都不會有問題。

這一回，米基利遇上的問題是要把東西冷卻。時為一九二八年，機械式冷凍時代開始沒多久（在這之前，取冰工業是個大生意，大量冰塊從世上較冷的地區切開運送過來，讓較熱地區的人能保持東西冰涼）。問題來了，目前用於冷凍的物質都昂貴又極度危險。它們很容易著火，如果外洩的話，會造成大批人遭受毒害——米基利開始研究冷凍那年，克里夫蘭有間醫院的冷凍系統曾漏出氯甲烷，殺死超過一百人。

毫不意外，這導致冷凍技術推廣遇上阻力。

目標相當簡單：要找到便宜、不可燃、沒毒性的物質，能像目前所用的冷凝劑一樣發揮功能。通用汽車新近買了一家冷凍公司，重新命名為富及第（Frigidaire），而且他們很明白，如果可以克服這個問題，一定能夠大發利市。

這回，米基利的方法比較沒那麼魯莽（再怎麼說，如今他已經在化學界擁有超過十年經驗）。研究已知冷凝劑的化學性質，他很快認出氟是可能的候選物，最好能夠和碳形成化合物，將它的毒性中和。

他打從一開始就挑對了目標，因為其團隊最先製出檢測的幾個物質裡，就有一個是二氯二氟甲烷。如今，更為人熟知的是他們給它起的商品名：「氟氯昂」（Freon）。米基利在美國化學學會的一場會議上示範其安全性，博得滿堂采：他很戲劇性地吸了一大口，然後呼出來吹熄蠟燭。無毒、不可燃，而且是個絕佳冷凝劑，太完美了。

確實如此，米基利不僅發現了一種新的化合物，他還發現了一整類的新化合物，全都具有相似性質。它們就是所謂的氟氯碳化物——或者，以通用的縮寫就成了CFC。

不幸的是，一九三〇年代初，沒人真了解「臭氧層」是什麼，或者平流層當中這層薄薄的氧分子屏障地球表面，不受太陽有害紫外線破壞是有多麼重要。他們真的並不曉得CFC（在海平面完全無害）如果進到上層大氣會變得更加危險——在那兒有些紫外線會導致它們分解成構成元素，其中的氯會破壞臭氧，減損地球的防護屏障。

而且，持平而論，他們並沒有預期到CFC的使用，到後來會比冷凍用途更廣泛得多。很快地，人們發現這些新穎、有趣而且極度安全的化學物質具有許多其他用途——最為人所知的就是用在噴霧罐裡當推進劑。也算是歷史反諷的黑暗趣味，二次大戰前後時期，CFC大量用來噴灑殺蟲劑……包括另一項大規模化學搞砸的古典範例，也就是造成新生兒缺陷噩夢的DDT。

到了戰後，噴霧劑真正大量出現，從噴漆到去味劑什麼都有。而且，他們還更像字面那樣一飛沖天：我們開始釋出的極大數量，全都往上進到平流層，在那兒它們著手拆解臭氧層。

好消息是，這會兒人類在它會造成大量傷亡之前，就了解問題所在。哇嗚！人類得一分！一九七〇年代（和禁絕含鉛汽油要開始採取初步措施同一時間）也發現了臭氧層的破洞越來越大，和CFC的關係也同時為人證實。這就發出警告：如果臭氧層以目前的速度繼續被破壞，人類就會暴露於更多有害的紫外射線，而且要不了幾十年，癌症和眼盲的病例會飆升。

因此從一九七〇年代到一九九〇年代，全世界開始反轉米基利留下的遺緒，因為他的兩大發明在全世界大部分地區不是被禁就是要逐步停用。我們還是充斥著大量的環境鉛——它們並不會分解或消失，清理是場夢魘。不過好消息來了，至少大多數地方孩子們不再大量吸入鉛，而且很多孩子的血中鉛濃度如今已低於中毒標準。好棒。在此同時，如今CFC已廣泛受到禁止，而且臭氧層慢慢修復：若一切順利的話，應可回復米基利之前的水準，哦哦哦，到二〇五〇年的時候。加油了。

同時，米基利的名聲已經定了：《新科學人》形容他是「一人環境災難」；歷史學家麥克尼爾（J. R. McNeill）在《太陽底下新鮮事》一書中說他「對環境造成的衝擊，要比地球歷史上其他任何單一生物還要嚴重得多」。

不過，說他塑造了現代世界也是實話，只是用些出乎預期的方式為之。抗爆震燃料導致汽車在世上許多地方變成主要的交通模式，而且不僅當作工具來製作，還成為地位的表徵物，成了個人認同以及個人主義的有力符號。CFC並不僅讓家用冰箱成真，也是冷氣的動力，如果沒有冷氣的話，世上許多大城根本就不會成為現在這副模樣。他的兩大發明甚至還聯手：配備內建冷氣的更強勁車輛，使得長途駕車變得實際可行、甚至是令人享受的提議。就舉兩個例證，美國西部還有中東部有一大條區域若是沒有米基利的兩項發明，大概會是相當不一樣的地方。

對更廣義的文化也有骨牌效應——舉例來說，在美洲，電影院是最早安裝冷氣的場所，有助於促進電影普及，成為大蕭條時期的休閒活動，鞏固影片黃金年代的文化衝擊，使它成為幾乎足以定義二十世紀的娛樂型態。基本上，我們在說的正是米基利發明了洛杉磯：一座靠著汽車和冷氣運作的城市，還是電影產業的基地。

所以下回你坐在電影院裡，觀賞無趣好萊塢影片在講某個不按牌理出牌的警探處理犯罪潮的時候，要記得幾乎你感受到的一切，全都可以總結到米基利身上。以為自己發明的物質無害，還可以讓他每加侖多賺三毛錢。

死於自己科學的六位科學家

✪ **傑西．威廉．拉齊爾（Jesse William Lazear）**

美國醫師拉齊爾證明黃熱病毫無疑問是由蚊子傳播——方法是讓自己被帶著病的蚊子咬，發病身亡，證實他的理論正確無誤。

✪ **弗蘭茲．瑞切特（Franz Reichelt）**

一九一二年，這位奧—法籍的裁縫穿著他精心縫製的新式降落衣，信心十足地從艾菲爾鐵塔縱身一躍，自己擔任測試員（原本應該用假人就好的）。他直接落地摔死了。

✪ **丹尼爾．艾奇德．卡里翁．加西亞（Daniel Alcides Carrión García）**

秘魯的醫學院學生卡里翁決心要查出卡里翁病（Carrión’s Diease）的原因。

當然，那時這病還不是叫這名字。卡里翁將取自病患所生小疣的血液注入自己體內，得病身亡，為了紀念他而用這名字。

✪ 艾德文・卡特斯基（Edwin Katskee）

一九三六年，這位醫師想了解為什麼古柯鹼具有不良副作用（當時是當麻醉劑使用），就自己注射了極大劑量，整個晚上在辦公室牆上匆忙寫下紀錄，潦草的字體越來越難以辨認，然後就過世了。

✪ 卡爾・威廉・席勒（Carl Wilhelm Scheele）

這位天才瑞典化學家發現許多元素——包括氧、鋇和氯——可是他有個習慣，每個新發現的東西都要嘗嘗味道。一七八六年他因接觸包括鉛、氫氟酸還有砷在內的多種物質而身亡。

✪克雷門·瓦蘭迪罕（Clement Vallandigham）

這位律師是早期法醫學的先驅者，為了幫一名被控謀殺罪的客戶辯護，證明所謂的受害者有可能是意外射中自己……方法是他意外射中自己。瓦蘭迪罕因而喪命，不過他的客戶倒是獲判無罪。

10

禍事將至誰能知

說實在，當代世界真是一個迷離難懂的地方。我們身處的這個世界，科技及社會都以令人頭暈目眩的速度發生變化。人們生活方式的急遽轉變，可在一個世代當中發生，或十年內，有時不到一年。每件事好像都是嶄新而來：然而，在此同時，很難擺脫有種感覺，似乎我們只是以一種越來越快的速度重複過去所犯的錯。不知何故，我們總是無法預見舊禍重演。

之前在本書第一章已經提到過，人類正確預測未來，並且為之計畫準備的能力一直都不怎麼好——可是過去幾個世紀以來，變化的腳步更形加速，根本毫無助益。如果我們一直被閃亮亮、超乎預期的新奇事物包圍，之前用來做判斷的那些捷思法都可以扔了。要是被多還再更多的資訊持續轟炸，變得太大量難以處理，而又落得只挑揀符合我們偏見的那些材料，也就不足為奇了。如果我們得要持續不斷學習怎麼處理新事物，還有誰能看得出來我們已經成了達克效應的受害者？

因此我們是活在無窮盡第一次的時代，大部分時候我們要麼沒法預見，要麼忽略那麼有先見之明的人。而且，很不幸，這些首開先例的事情並非樣樣都很棒。不信的話，可以問問瑪麗・沃德（Mary Ward）。

沃德在許多方面都算得上是位先驅者。一八二七年她出生於愛爾蘭奧法利郡

（Offaly）的一個貴族世家，不過這戶人家可不是隨隨便便的貴族：從小她就一直和科學家為伍，不是家人就是訪客。她很幸運，這些科學家不僅培養出她對科學的興趣，也有能力提供資助。孩提時期，父母發現她對自然世界有興趣，就給她買了一架顯微鏡——還是當時全國最好的一架。這樣的禮物真是有很好的啟發作用，因為瑪麗其實擁有相當罕見的才能，可將用顯微鏡觀察到的樣本全都鉅細靡遺畫出來（十幾歲的時候，她也描繪了帕森城那具巨型望遠鏡的草圖，這個龐大的七十二吋反射式望遠鏡是由她表兄建造的，也就是前皇家學會主席威廉・帕森斯〔William Parsons〕，在一九一七年前一直保有世上最大望遠鏡的頭銜。）

長大之後，瑪麗與許多科學家通信，而且她的繪畫才能也受到許多人肯定，委託她為其出版品繪製插圖。一八五七年的時候，她對市面上顯微鏡學書籍的品質十分失望，決定要把自己畫的那些圖印成書出版。擔心（也並非毫無道理）因為身為女性可能沒有出版商願意受理，她就自費出版了兩百五十本。這兩百五十本銷售一空，而且受到一位出版商注意，認為她的插畫很美而且寫的內容夠好，這麼一來，女性身分或許不再那麼重要。她的書就以《顯微鏡下的美妙世界》（*The World of Wonders as Revealed by the Microscope*）為名出版，成了轟動出版界的一件大事——

接下來十年內再刷八次，成為目前我們所謂「科普」一類的首部著作。

這本書並不是她的最後一本科普作品——她又再寫了兩本，包括一本談望遠鏡的，算是顯微鏡那本的姐妹作，獲選在一八六二年的萬國博覽會展出；她還為著名的科學家畫了很多其他科學著作；她在很多期刊發表文章，包括有一篇黃條背蟾蜍（Natterjack toad）的研究廣受好評。她得到認可，名列皇家天文學會名冊，僅有三位女性獲此殊榮，而另兩名的其中一位還是維多利亞女王。不過，她從來就沒有拿到什麼學位，因為女性沒法念書拿文憑。

除了……說了這麼多都還只是前言，因為雖然瑪麗．沃德是位聰明的女性，過著不平凡的人生，卻並不是為此被收入本書。或許應該這樣才對，不過沒辦法，因為一八六九年八月三十一日在帕森城發生了一件事。

我們在此提到她的名字，那是因為當天四十二歲的瑪麗和她夫婿亨利．沃德上尉（Captain Henry Ward）乘著一輛蒸汽動力汽車。這輛車是自家製作——她交往接觸的都是些科學家，當然是這樣才合理啦——由她表兄帕森斯的孩子建造而成。據記載，當這輛車呼嘯駛下帕森城的商業大街，速度僅為每小時三又二分之一哩，在教堂前急彎拐入坎伯蘭街（Cumberland Street）的轉角。

在當時，像這樣搭車出遊真是個全新體驗，等於是預告即將到來的汽車時代。蒸汽動力汽車早在一個世紀之前就在法國被發明出來，可是依然要經過好多年，我們認為的現代汽車模樣才出現。當時的汽車呢——笨重、醜陋的東西，大家都覺得它會破壞路面——已造成足夠的轟動，更早些時候，在一八六五年英國通過一條法令規範其使用，但汽車依然相當少見。曾在地球上活過的幾十億人當中，瑪麗・沃德是極少數曾搭過車的。

或許只是因為運氣不好罷了。或許是因為路不平，道路並不是為了馬匹和牛車以外的通行所設計。也許他們並沒有想到是因為「過彎太急」，因為汽車和馬匹的駕馭方式相當不一樣，風險也不同。也許瑪麗只是被這體驗嚇到了，對於未來的可能性太過興奮，而且她為了想看看被拋在後頭的道路，把身體伸得太出去。

無論理由如何，當這輛汽車在路口來個急轉彎的時候，一側稍稍拉高，而瑪麗就摔出車外跌落輪下。她的脖子霎時折斷，幾乎當場殞命。

瑪麗・沃德是有史以來第一位死於車禍的人。

她在許多方面是位先驅，不過有時你也沒法選擇是哪一類的先驅。如今，世界各地每年約有一百三十萬人死於汽車意外。未來還是毫不留情地一直來，比我們預期還要快得多，而且我們一直沒法很精確預測得到。

舉例來說，一八二五年《評論季刊》（*Quarterly Review*）預測火車沒什麼前景可言。「有人說蒸汽火車將會跑得比驛馬車還快兩倍，還有什麼比這種想法更明顯可笑的呢？」

幾年後的一八三〇年，有位英國國會議員暨前任部長威廉．赫斯基森（William Huskisson）出席了利物浦與曼徹斯特鐵路公司的開幕典禮。他和威靈頓公爵以及其他權貴高官一起搭乘火車，從利物浦到曼徹斯特。半途停下來加水的時候，乘客接到通知要他們別離開客車廂，但大家還是下車閒晃。赫斯基森認為他應該過去和威靈頓公爵握個手，因為之前兩人曾經發生過口角，所以當史蒂文生（George Stephenson）著名的「火箭號」從另一個方向過來的時候，他正好站在對向軌道上。乘客們都得到警告要趕快避開駛來的火車，但赫斯基森並不熟悉這種新狀況，嚇得不知該往哪邊走才好。最後，他並沒有乾脆就和其他乘客那樣遠離軌道站到另一邊，反而試圖爬上威靈頓公爵搭的那節車廂，結果他好不容易抓到的門往外甩開，就讓他直接摔落火箭號的路徑上。因此，赫斯基森就成了史上第一位被火車撞死的人。

一八七一年，諾貝爾（Alfred Nobel）這麼說他所發明的火藥：「說不定我的工廠會比各位議員大人更快結束戰爭。如果有一天兩軍都能在一秒鐘之內互相毀滅，所有文明國家當然就會怕得縮成一團，把軍隊全都解散。」

一八七三年，世界各地的股市大崩盤，因為有一個投機泡沫終於破了。這場全球經濟蕭條持續多年。

就在諾貝爾之後沒多久，一八七七年，發明加特林機槍的理察．加特林（Richard Gatling）寫信給他的朋友，說他希望這項發明可以促成全新、人道的戰爭時代。他寫道，會想到發明這種東西是因為「幾乎每天親眼目睹軍隊開往前線，回來的卻是死的死、傷的傷、病的病……我就突然想到，如果能夠發明一種機器——一種槍——藉由快速發射，讓士兵能夠以一當百，就能在很大程度上取代大量軍人的必要性，上戰場、患病的機會也就因此大幅減少」。

同樣在一八七七年，西聯的總裁卡爾．奧頓（Carl Orton）拒絕貝爾（Alexander Graham Bell）要把電話專利賣給他的提案，還這麼表示：「本公司要這種通電的玩具何用？」

一八八八年，芝加哥有一群衛理公會的傳教士急需用錢，就想到一個點子，稱為「巡迴奉獻箱」——他們發出一千五百封內容一模一樣的信件，請求收信人送他們一角錢，然後再把這信抄三份轉給三個朋友，提出同樣請求。他們藉此籌得超過六千美元，但是有很多人收到同樣信件多次之後感到非常氣憤。連鎖信由此誕生。

一八九七年，著名的英國科學家克爾文勛爵（Lord Kelvin）預測「無線電無甚前景」。同樣在一八九七年，《紐約時報》讚揚海勒姆・馬克沁（Hiram Maxim）的全自動機槍發明可怕至極，一定能夠阻止戰爭發生，稱呼馬克沁的機槍是「製造和平且維持和平的恐怖作品」，「因為它們具有毀滅性的效果，讓各國領導人在進行征服大計之前，更慎重考慮戰爭的後果」。

一九〇二年，著名英國科學家克爾文勛爵在一次訪談中，預測跨大西洋的飛行絕無可能，而且「沒有任何氣球或飛機有辦法真正成功辦到」。十八個月過後，萊特兄弟進行他們的首次飛行。引用奧維耶・萊特憶及他在一九一七年的一封信裡這麼寫道：「我和兄弟製造、飛行第一架載人飛行機器的時候，想的是我們帶給世界一種新發明，可讓以後的戰爭實際上變得不可能。這個想法並不是我們才有，證據就是法國的和平促進會（French Peace Society）為此發明頒了獎牌給我們。」

一九〇八年，湯瑪斯・塞爾弗里奇（Thomas Selfridge）中尉搭乘奧維耶・萊特駕駛的示範飛行。繞著維吉尼亞梅耶堡（Fort Myer）的第五趟飛行，推進器壞了，飛機墜毀，塞爾弗里奇因而喪命（萊特逃過一劫）。他成了史上第一位死於飛機失事的罹難者。

一九一二年，無線電的發明人馬可尼（Guglielmo Marconi）預測「無線時代來臨會使得戰爭不可能，因為它會讓戰爭變得十分可笑」。一九一四年全世界都捲入大戰。

一九二九年十月十六日，著名的耶魯經濟學家厄文．費雪（Irving Fisher）預測「股價已達到永遠的高價區」。八天之後，世界各地的股市大崩盤，因為由輕易可得債券所支撐的泡沫終於破了。國際經濟蕭條持續好幾年；金融危機之初，許多民主國家的選民都逐漸地轉向民粹式的權威政治人物。

一九三二年，愛因斯坦預測「並無絲毫徵象顯示〔核能〕會變得實用」。

一九三八年，英國首相錢伯倫帶著剛和希特勒簽好的條約回國，並且預測「我相信我們已得到和平」，還加了一句「回家好好睡一覺吧」。一九三九年全世界都捲入大戰。

一九四五年，領導眾人在洛斯阿莫製造原子彈的歐本海默（Robert Oppenheimer）如此寫道：「如果這件武器並不能說服人類必須結束戰爭，那就沒別的把戲了。」事與願違——而且還包括諾貝爾、蓋特林、馬克沁和萊特等人的願望——人類還是有戰爭，不過至少我們還沒發生核子戰爭（至少寫本書的時候是這樣沒錯），因此歐本海默在這一項或許算是得分了吧。

一九六六年，著名設計師富勒（Richard Buckminster Fuller）預測，到了二○○○年，「總的來說，政治將會消失」。

一九七一年，俄羅斯太空人多勃羅沃利斯基（Georgi Dobrovolski）、帕查耶夫（Viktor Patsayev）、沃爾科夫（Vladislav Volkov）成為第一批死在外太空的人類，因為他們的聯合號太空艙從太空站返地途中洩壓漏氣了。

一九七七年，迪吉多（Digital Equipment Corporation）的總裁奧爾森（Ken Olson）預測，電腦產業一直都會是個利基市場，還說「沒理由有誰會在自個家裡有一台電腦」。一九七八年，迪吉多的行銷經理涂爾克（Gary Thuerk）透過Arpanet（算是最早期的一種網際網路）寄出一封主動發出的電子郵件，傳給大約四百名收件人，推銷他們公司的產品——他寄出世上第一封垃圾郵件。（依據他的說法，還真有效：迪吉多藉由電子郵件促銷活動賣出價值好幾百萬美元的機器。）

一九七九年，福特汽車密西根工廠的一名工人威廉斯（Robert Williams）成了史上第一位被機器人殺死的人類。

二〇〇七年，金融評論員庫德洛（Larry Kudlow）在《國家評論》（*National Review*）上寫道：「並沒有什麼經濟衰退要來，悲觀論者錯了，根本就不會發生……布希時代的經濟榮景好得很，才剛過完連續第六年，還會繼續下去。沒錯，這是史無前例的大好美景。」二〇〇七年十二月，美國經濟進入衰退。（寫本書的同時，庫德洛正擔任美國「國家經濟委員會」主席。）二〇〇八年，世界各地的股市大崩盤，因為由輕易可得債券所支撐的泡沫終於破了。國際經濟蕭條持續好幾年；金融危機之初，許多民主國家的選民都逐漸轉向民粹式的權威政治人物。

二〇一六年，有一個十二歲的男孩死了，另有至少二十名來自同一個馴鹿放牧團體的人被送醫住院，因為在西伯利亞亞馬爾半島（Yamal Peninsula）爆發炭疽病。炭疽病已在當地絕跡七十五年；這次爆發是在夏季熱浪來臨期間，比平常高了攝氏二十五度。熱浪把覆蓋西伯利亞的凍原融解了，揭開並解凍幾十年前形成的層層冰塊——裡頭還保留著一九四一年上次爆發炭疽病時死亡的那些馴鹿屍體。

冰塊可讓病原體（活著，但休眠）保存幾十年、幾百年，甚至更久。自從俄羅斯的冬天擊退希特勒大軍那年，這疾病一直靜靜躺在零度以下的低溫裡，一直要等待時機冰封的牢籠解開。二〇一六年終於發生了（那時是有紀錄以來最熱的一年），因為溫熱的世界將細菌又再度釋出，在傳給人類之前感染超過兩千隻馴鹿。

我們很容易就會說，沒人可預見這麼誇張怪誕的災難，但事實上在這五年前就有兩名科學家預測，如果氣候變遷惡化的話就會發生這種事情：永凍土會漸漸消退，就會釋出好久不見的過往歷史疾病重返人間。隨著溫度上升這只會繼續發生下去，還有古怪的倒轉歷史效果——回到米基利在實驗室裡努力那時，回到席費林站在公園裡打開籠子之時，回到帕特森幻想建立帝國之時——工業革命的累積作用在我們身邊快轉展示。我們並不知道在接下一百年內會有多少人因氣候變遷而喪命，我們不知道它會如何改變人類社會，但我們知道至少其中一名罹難者是死於人類集體的決定在不經意之前所導致，召喚行將就木的炭疽病再從墓裡爬出來。它們恐怕並不會是最後一批。

二〇一六年五月七日，距瑪麗・沃德在那個命定的夏日午後出遊將近百年，有位名叫布朗（Joshua Brown）的男子在佛羅里達威利斯頓（Williston）附近駕著特斯拉S型上路，設在「自動駕駛」模式。後來的調查發現，他這趟三十七分鐘路程當中，手握方向盤僅有二十五秒，其他時間是依靠車子的軟體控制。一輛卡車開上路，這時布朗和他的軟體都沒發現，一頭撞上。

他成了有史以來死於自動駕駛車禍的第一人。

歡迎光臨未來世界。

後記　搞砸未來

二〇一八年四月，澳洲出現消息指出，要再重新開動之前已關閉的一座燃煤發電廠。這消息顯然並非尋常，因為全世界都在試圖慢慢放掉會導致氣候變遷的石化燃料，重啟一座燃煤發電廠看似一個奇怪的舉措，至於要重啟它的動機，那就更不尋常了。它是要用來為一家挖掘加密貨幣的公司提供便宜能源。

比特幣是最廣為人知的加密貨幣，但新設立的公司一家接著一家，似乎呈指數率成長，想在追求數位貨幣的瘋狂競逐中海撈一票，這些名堂的生態系統不斷擴張。這些通貨所謂的「挖礦」，和金子之類的「開採」並不一樣。它們只不過是依據所謂的區塊鏈技術所得到的電腦代碼位元數值，每個虛擬幣並不僅代表象徵的價值，還是它自身交易史的詳細總帳。然而一開始把它們創造出來，還要處理它們越來越複雜的交易紀錄，需要用到的運算能力就很重要——也就因為如此，既要讓越來越大的加密—挖礦專用資料中心得以運作，又因它們過熱得要加以冷卻，必須瘋狂地耗用電力。

加密貨幣並不具有任何先天固有的價值，而且它們的設計多半並沒有什麼中央權威來規範並控制貨幣流動。唯一的限制因素就是要創造還有交換它們的時候，必須運算所花費的成本。可是有些人相信它們就是未來的貨幣，這信念導致加密貨幣價值爆漲，因為每個人都同意它們有點價值——或，退一萬步想，馬上就有另一個傻瓜覺得它們的價值比你所認為的還要更高，直到突然之間沒人再接手為止。因此它們的價值就變得飄忽不定，完全取決於市場的心情如何。這是典型的投資熱，泡沫起了又破、破了又起，每個人都要設法別在遊戲結束時還沒有脫手，因為它會在一瞬間變得毫無價值。

但就像大多數的投資熱，對現實世界造成影響。不僅僅只是澳洲重啟一座電廠而已：人們被一夕致富的期待勾引誘惑，隨著第一波淘金熱潮蜂擁而來，又過了一百七十年之後，美國荒野西部已出現新一波的淘金熱。這兒有便宜電力、便宜租金還有空地蓋東西，加密貨幣公司受到吸引，投資上億資金，在華盛頓州、蒙大拿州、內華達州等地的小型鄉鎮四處設立巨大而需大量電力的加密貨幣採礦場。二十一世紀投機客移入的這種小鎮，就有一位居民如此抱怨：伺服器不分晝夜地大聲咆哮，讓他們無法入睡，影響他們的健康，還把當地的野生動物趕走。

依據某項估計預測，到了二〇一八年底，光是比特幣開採，用到的能量就相當於澳洲全國的總消耗量。

本書之前談的都是人類以前曾經遇過的失敗和錯誤，可是我們正犯下的錯誤，還有未來會出的那些差錯又怎麼辦呢？未來會犯下的錯、搞砸的事情，會是怎麼一個模樣？

正如之前所言，做預測保證會讓之後的歷史學家覺得你真是個笨瓜。或許接下來幾十年、幾百年會見到人類犯下一連串完全原創、新穎的錯誤；或許我們會找到一個法子，一勞永逸不再犯錯。不過如果你想和我打賭，很有可能我們還是會像之前一樣，繼續犯下完全相同的錯誤。

讓我們先從簡單的開始講好了。

我們覺得應該沒什麼關係，隨隨便便往環境一丟的那些東西，其中有一項是人類自從工業革命啟動以來就燒得很高興的碳，將會真正讓大家都沒好日子過。

人造的氣候變遷是確有其事，而且對世界各地許多社群以及人類文明諸多面相，都有潛在而重大的威脅，如今這已是相當確定的科學事實，還要再無視證據真有點愚不可及。今非昔比，不可能讓聚合水或N射線那樣的情況又再出現，然後過了幾年之後，大家全都灰頭土臉。然而，顯然還是有很多人有充足理由要否認這個事實——經濟的、政治的、愛唱反調自得其樂——似乎每次在「採取什麼實際作為」階段有了些許進展的時候，大家一直被拉回到「究竟是真是假的辯論」階段。這真像是以前含鉛汽油製造商所用的話術：你用不著否定什麼，只要能夠設法讓判決一直出不來，就可以持續撈取香甜可口的利益。

因此，我們現在就是大家一起玩「啦啦啦沒聽到沒聽到」的遊戲，然而其實應該像是家裡失火了那樣急得跳腳才對……狀況也和家裡失火差不多了。最熱年分的紀錄，十八次裡有十七次是發生於二〇〇〇年之後。二〇一八年四月，我們這個地質時期的二氧化碳濃度，首次突破百萬分之四百一十這個關卡。上回濃度如此高是發生在中更新世的暖和時期，約為三千兩百萬年前——正好是露西從樹上摔落地面那時候。如果你想的是「哦，是哦，如果之前就曾經那麼高，那也沒那麼糟嘍」，那時的海平面要比現在更高出十八公尺以上呢。

哦，而且二氧化碳的作用還不只是氣候變遷而已。事實上，大氣中的二氧化碳數量一直受到控制，其中有一項是因為海洋吸收了一部分。好消息呢，是嗎？事實並非如此。海水和你的女朋友差不多，大致為鹼性——換句話說，更偏向鹼而非酸。可是吸收那些二氧化碳就變酸了，而且海水越酸的話，對海洋生物的破壞性影響越大。自微小的軟體動物到大魚，海洋生物都會受到威脅。

哦，而且這和海洋暖化一起發生的話，事情還會變得更糟，目前狀況正是如此。

如果你需要有個例子了解海裡的情形變得多麼可怕，自然世界的奇蹟大堡礁正以嚇人速度死去，連續兩年出現大規模「白化」狀況，殺死大範圍的礁岩珊瑚。各位……我覺得這恐怕已被人類搞砸了。

當然，這還不算是人類積極而且毅然決然給自己設下的唯一厄運。我們還有很多選項呢，朋友們。比如說，抗生素的抗藥性。抗生素以及其他抗菌藥品可算得上是二十世紀的一大突破，拯救無數生命。可是，就跟復活節島的人把樹全都砍倒沒兩樣，我們使用抗生素太多、太頻繁。事實上，每次使用抗生素，就在增加細菌對它們生出抗藥性的機會——而且你正好是幫它們把競爭對手除去。這就成了加速的演化過程，因為我們的作為，培養出具抗生素抗藥性的超級細菌，可能會讓歷史上那些古老的可怕疾病全都捲土重來（而且這甚至不須等到凍原融解就會發生）。

因此，全世界很快就要用盡一切可靠有效的抗生素了——而且還有部分是因為抗生素的利潤不夠，無法讓藥廠投資充足資源造出新一代藥品。有一項估計認為，現在每年已有大約七十萬人死於抗生素抗藥性相關病症。

人類會走向敗亡，也可能是因為我們一直把決策交給電腦運算，認為這麼做就可以讓電腦變得更棒、更聰明，而且出事了也不是我們的錯。控制自動駕駛車的程式就是個例子：其他的例子像是決定股票買賣、社交媒體上會看到什麼新聞，有前科的人會不會再犯。我們以為這些程式會比人更理性；事實上，它們只不過放大人們輸入的偏見與缺失。

人工智慧的研究發展迅速，關於把人類的決定交由電腦處理感到憂慮，還不僅止於此。如果我們真有辦法造出要比人類更聰明、更能幹的人工智慧，以為人工智慧會和人類站在同一陣線，恐怕也是個誤會。它們或許有辦法為某種目的操弄人類，說不定會把人類視為威脅而要予以毀滅，或只是不認為人有多麼重要，最後只不過成了要達成盡量製造更多紙夾這項目標的用料（或人類為它們所設定的隨便什麼其他任務）。人類打造科學怪物而把自己弄得滅亡的遠景，也許看來遙不可及，但有好大一批聰明人似乎相當認真看待此事。

或者，在這些事情發生之前，我們就打核戰把自己炸個粉碎。

或者，也許搞砸的事情沒那麼戲劇性。也許人類只是因為偷懶，不知不覺把自己送入悲慘的未來。打從人類進入太空時代，在太空裡處理再也用不上的東西，和對付其他人造垃圾所用的方法並無不同：隨便丟棄了事。反正太空廣闊無垠，又有什麼關係？

「凱斯勒現象」（Kessler Syndrome）就是這麼發生的。早在一九七八年，NASA的科學家唐諾．凱斯勒（Donald Kessler）就已提出如此預測，卻無法阻止人類在太空中亂扔東西。問題在於如果你把東西亂倒在繞行軌道上，它們哪兒也去不了。這可不像是把包裝揉一揉往車窗外扔，馬上就能忘得一乾二淨——丟在軌道上的垃圾就會以拋出當時幾乎相同的速度和軌跡持續繞著地球轉。而且有時會和其他太空垃圾碎片彼此相撞。

麻煩在於軌道上物體移動的速度，相撞就不可避免具有毀滅性的後果。只要和最小片的材料撞一下，就會造成大災難，摧毀人造衛星或太空站。而且，沒錯，這些致命的碰撞製造出成千上萬更多塊太空垃圾，全都會導致更多碰撞。凱斯勒預測的就是這般景象：到最後太空會變得擠滿垃圾，以至於這程序會達到某個一發不可收拾的關鍵點，每回碰撞造成更多碰撞，直到地球被一堆高速垃圾飛彈所構成的雲團包裹在裡頭。後果就是：人造衛星變得毫無用處，太空發射變得極度危險致命。實際上，我們就被困在地球了。

某方面來說，幾百萬年前露西未能開展的旅程到此終結，也算是帶著超乎尋常的詩意。經過這麼多的探險、進步，一切的夢想與宏偉觀念，到最後我們的下場卻是：被自己的垃圾所造出的監牢困在地球上，哪兒也去不了。

不管未來如何，不論明年、下個十年，甚至下個世紀會出現什麼令人困惑的變化，看來我們還是會一直重蹈覆轍。受災受難就怪別人，建構一個又一個細緻奇幻的世界，好讓我們用不著去思考自己犯了什麼錯。經濟危機之後，我們轉而去支持民粹派的領導者。為了金錢你爭我奪。屈從集體思考和群體狂熱以及確認偏誤。自我感覺良好，覺得我們的計畫都棒得不得了，不可能有什麼事情會出錯。

或是說……大概不會錯吧？也許此時我們該要做些改變，開始向歷史學習。也許這一切只不過是過度悲觀，不管今日看來世界有多麼糟、多麼令人失望，事實上人類文明一直更好更有智慧，而且我們很幸運活在一個時代的開始，不會把事情搞砸。也許人類真有能力變得更好。

或許，有那麼一天，我們可以爬上樹而不會跌落地面。

歷史大講堂

人類很有事：草包佯裝英雄，犯蠢牽拖水逆，跨越萬年的暗黑愚行史

2020年8月初版　　　　定價：新臺幣380元

著　者	Tom Phillips
譯　者	崔宏立
叢書主編	王盈婷
校　對	陳佩伶
內文排版	林婕瀅
版型設計	江宜蔚
封面設計	兒日

副總編輯	陳逸華
總編輯	涂豐恩
總經理	陳芝宇
社長	羅國俊
發行人	林載爵

出版者	聯經出版事業股份有限公司
地址	新北市汐止區大同路一段369號1樓
叢書主編電話	(02)86925588轉5316
台北聯經書房	台北市新生南路三段94號
電話	(02)23620308
台中分公司	台中市北區崇德路一段198號
暨門市電話	(04)22312023
台中電子信箱	e-mail：linking2@ms42.hinet.net
郵政劃撥帳戶第	0100559-3號
郵撥電話	(02)23620308
印刷者	文聯彩色製版印刷有限公司
總經銷	聯合發行股份有限公司
發行所	新北市新店區寶橋路235巷6弄6號2樓
電話	(02)29178022

行政院新聞局出版事業登記證局版臺業字第0130號

本書如有缺頁，破損，倒裝請寄回台北聯經書房更換。　ISBN 978-957-08-5560-9 (平裝)
聯經網址：www.linkingbooks.com.tw
電子信箱：linking@udngroup.com

國家圖書館出版品預行編目資料

人類很有事：草包佯裝英雄，犯蠢牽拖水逆，跨越萬年的暗黑愚行史/Tom Phillips著．崔宏立譯．初版．新北市．聯經．2020年8月．288面．14.8×21公分（歷史大講堂）
譯自：Humans: a brief history of how we f∗cked it all up
ISBN　978-957-08-5560-9（平裝）

1.世界史　2.通俗作品

711　　　　109009061